KB035494

돈 들어오는
연말정산의 모든 것

헷갈리는 연말정산,
합법적으로 절세하는 58가지 비법

돈 들어오는 연말정산의 모든 것

김종필 · 홍만영 지음

매일경제신문사

| 프롤로그 |

매년 해도 헷갈리는 연말정산
이번엔 환급 많이 받자!

시중에 연말정산 책, 꽤 있다. 하지만 거의 연말정산 담당자를 위한 것이다. 일반 월급쟁이 직장인을 위한 책은 거의 없다. 그러니 정작 당사자인 직장인들은 혼자서 대충하거나 부정확한 정보를 갖고 정산한다. 심지어 연말정산을 잘못해서 가산세와 함께 추징당하는 경우가 늘어나고 있다.

저자들은 2가지에 초점을 맞추었다. 하나는 직장인들이 중간에 포기하지 않도록 연말정산 서류 준비부터 완료까지 잘 안내하는 것이다. 다른 하나는 개인이 자신의 상황에 맞는 공제를 다 찾아서 최대의 환급액을 받을 수 있게 하는 것이다.

대부분 직장인은 연말정산간소화서비스 조회부터 완료까지의 과정이 어렵고 복잡하다고 생각한다. 무엇을 어떻게 해야 하는지를 알려주는 가이드가 없기 때문이다. 우리가 어렵다고 느끼는 연말정산 절차,

알고 보면 참 쉽다. 사실 연말정산간소화서비스에서도 연말정산에 포함할 부양가족만 미리미리 결정해놓으면 그다음은 간단하다. 각 공제 항목별로 체크하고 다운받아 회사에 제출하기만 된다.

연말정산의 핵심은 공제를 최대한 싹싹 긁어모으는 것이다. 공제를 많이 받으려면 각 항목별로 세법에서 정한 요건을 충족해야 한다. 그런데 대부분 이 요건을 인터넷에서 찾아보거나 잘 모르는 사람에게 물어본다. 문제는 이거다. 잘못된 정보 때문에 공제를 못 받거나 심지어 세금을 추징당하는 경우가 생긴다. 말 그대로 생돈 나가고 시간도 아깝다. 의료비, 신용카드 등 정확한 공제 요건, 제출 서류를 알면 고생 안 해도 된다.

확실한 정보부터 내 연봉·상황에 맞는 연말정산 환급법, 이 책에 다 담겨있다. 떠돌아다니는 정보를 잡을 필요 없이, 그저 내게 맞는 상황을 펼쳐 읽으면 된다.

안 그래도 힘들고 재미있는 일 없는 직장인, 환급 많이 받아 연말정산이라도 하나의 즐거움이 됐으면 좋겠다. 이 책을 출간할 수 있도록 도움을 주신 매경출판 서정희 대표이사님, 권병규 팀장님, 오수영 편집자님께도 감사의 말씀을 드린다.

총급여

총급여란 1년간 받은 급여, 상여, 각종 수당을 합한 금액이다. 비과세 급여(월 10만 원 이하의 식대, 해외근무수당 등)는 포함하지 않는다. 총급여를 기준으로 신용카드 소득공제, 월세 세액공제, 연금저축 세액공제, 의료비 세액공제 등이 달라진다. 보통 연봉이라고 한다. 근로소득원천징수영수증 2쪽의 21번 금액이다.

근로소득공제

총급여에서 직접 차감하는 금액이다. 모든 직장인이 총급여에 따라 자동으로 공제받는 항목이기 때문에 절세여지가 없어 이 책에서는 별도로 언급하지 않는다. 참고로 근로소득공제액은 총급여에 따라 다음과 같이 계산한다. 근로소득원천징수영수증 2쪽의 22번 금액이다.

총급여	근로소득공제액
500만 원 이하	총급여 × 70%
500만 원 초과~1,500만 원 이하	총급여 × 40% + 150만 원
1,500만 원 초과~4,500만 원 이하	총급여 × 15% + 525만 원
4,500만 원 초과~1억 원 이하	총급여 × 5% + 975만 원
1억 원 초과	총급여 × 2% + 1,275만 원

참고로 총급여에서 근로소득공제액을 차감한 금액을 근로소득금액이라 하며 다른 소득(사업소득 등)이 있을 경우 이 근로소득금액과 다른 소득의 소득금액과 합산한다. 예를 들어, 총급여(연봉) 3,000만 원일 경우 공제액은 975만 원이다(3,000만 원 × 15% + 525만 원).

소득공제

총급여에서 직접 차감하는 공제액을 소득공제라 한다. 소득공제 종류로는 직장인 본인과 부양가족에 대한 공제와 연금보험료, 보험료, 주택자금공제, 그 밖의 소득공제(주택청약종합저축, 신용카드 등 사용액, 투자조합출자 등)가 있다.

연금보험료, 보험료를 제외하고는 각각의 요건을 충족해야 공제받을 수 있다. 근로소득원천징수영수증 2쪽의 24~46번까지 금액이다.

부양가족공제

부양 · 나이 · 연소득금액 요건을 충족한 부양가족에 대해서 1명당 150만 원의 소득공제를 해주는데 이를 부양가족공제(세법상 '기본공제'라 함. 이 책에서는 구분을 위해 부양가족공제로 표현)라 한다. 반드시 직장인 본인이 부양하는 가족이어야 한다.

부양가족공제 대상자란 나이 · 부양 · 연소득금액 요건을 모두 충족하여 공제받는 가족을 말한다. 부양가족이란 부양요건은 충족했지만 나이 · 연소득금액 요건 중 하나를 충족하지 못한 가족을 말한다. 부양가족공제 대상자와 부양가족을 구별하는 이유는 각 공제항목이 다르기 때문이다.

과세표준과 산출세액 계산

과세표준은 세금을 부과하는 기준금액이다. 총급여에서 근로소득공제와 소득공제를 차감하여 계산한다. 이 과세표준에 세율을 곱하면 세금(산출세액)이 된다. 근로소득원천징수영수증 2쪽의 48번 금액이다.

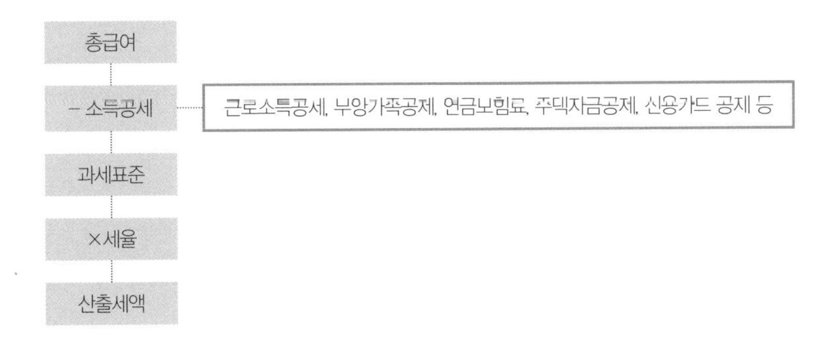

과세표준에 세율을 곱하면 산출세액(세금)이 된다. 과세표준을 아래와 같이 구간별로 쪼개서 해당 세율을 곱한 후 합산한 금액이 산출세액이다.

과세표준	세율
1,200만 원 이하	6%
1,200만 원 초과~4,600만 원 이하	15%
4,600만 원 초과~8,800만 원 이하	24%
8,800만 원 초과~1억 5,000만 원 이하	35%
1억 5,000만 원~초과 3억 원 이하	38%
3억 원 초과~5억 원 이하	40%
5억 원 초과	42%

과세표준을 알면 소득공제의 증가 또는 감소에 따라 세금을 얼마나 환급 또는 납부해야 하는지를 쉽게 알 수 있다. 즉, 소득공제의 절세효과를 쉽게 계산할 수 있다.

과세표준 2,000만 원인 경우 계산은 다음과 같다. '1,200만 원×6% + 800만 원×15% =192만 원'이 된다.

세액공제

세액공제는 세금에서 직접 차감하는 항목이다. 종류로 자녀세액공제, 연금저축세액공제, 보장성 보험료 · 의료비 · 교육비 · 기부금 · 월세 세액공제 등이 있다. 이 공제 대상금액에 공제율을 곱하면 세금환급액이 나온다. 예를 들어, 보장성 보험료 100만 원을 납입했다고 하자. 100만 원에 12% 곱한 12만 원을 세금에서 차감하므로, 세금환급액은 12만 원이 된다. 추가로 지방소득세도 환급받는다.

세액공제 항목은 각각 요건을 충족해야 공제받을 수 있다. 근로소득원천징수영수증 2쪽의 56~70번 금액이다.

결정세액

결정세액은 총급여에서 소득공제와 세액공제 등을 반영한 것이다. 즉, 결과적으로 본인이 내야 하는 세금이다. 연말정산은 이 결정세액과 매월 낸 세금(기납부세액)의 합계액을 보고 최종 세금을 정산하는 과정이다. 근로소득원천징수영수증 1쪽의 72번 또는 2쪽의 71번 금액이다.

예를 들어, 결정세액 100만 원, 기납부세액이 80만 원이라면 20만 원을 추가로 내야 한다.

연말정산 결과	추가 납부 여부
결정세액 > 기납부세액	차액만큼 추가 납부
결정세액 < 기납부세액	차액만큼 추가 환급

연소득금액

1년간의 소득금액으로 부양가족공제 여부를 판단하는 기준이다. 세법에서는 '연소득금액'이라는 용어를 사용하는데, 이 책에서는 줄여서 '연소득'이라 표현한다.

연말정산 세법, 이렇게 개정됐다!

	기존		개정
장기주택저당차입금 이자지급액 소득공제 대상 확대	주택 기준시가 4억 원 이하	▶	주택 기준시가 5억 원 이하
자녀세액공제 대상 조정	6세 이상 자녀	▶	7세 이상 자녀 (만7세 미만 취학아동 포함)
기부금 세액공제 확대	**기부금 특별세액공제 공제율** • 2,000만 원 이하: 15% • 2,000만 원 초과분: 30%	▶	**고액 기부 기준금액 인하** • 1,000만 원 이하 : 15% • 1,000만 원 초과분 : 30%
실손의료보험금 수령액에 대한 의료비 세액공제 배제 명확화	–	▶	근로자가 직접 부담한 의료비(의료비 세액공제 대상에서 실손의료보험금으로 보전 받은 금액은 제외)
산후조리원 비용 의료비 세액공제 적용	–	▶	• 대상: 총급여 7,000만 원 이하 근로자 • 한도: 200만 원
월세 세액공제 대상 확대	국민주택규모 이하 주택임차	▶	국민주택규모 이하 또는 기준시가 3억 원 이하 주택임차
박물관 · 미술관 입장료 신용카드 소득공제 확대	도서 · 공연 사용분: 30% (총급여 7,000만 원 이하자만 적용)	▶	**박물관 · 미술관 입장료 추가** • 도서 · 공연 · 박물관 · 미술관 사용분: 30%(총급여 7,000만 원 이하자만 적용) • 박물관 · 미술관 입장료는 2019년 7월 1일 이후 사용하는 분부터 적용
중소기업 취업자 소득세 감면 적용기한 연장 등	• 대상: 청년, 노인, 장애인, 경력단절여성 • 절차: 원천징수의무자에게 감면 신청 • 적용기한: 2018년 12월 31일 (청년은 2021년 12월 31일)	▶	• 대상: 장애인 범위 확대 – 고엽제후유증 환자 등 추가 • 절차: 원천징수의무자 또는 관할 세무서 • 적용기한: 2021년 12월 31일

	기존		개정
면세점 사용금액에 대한 신용카드 등 소득공제 제외	–	▶	2019년 2월 12일 이후 면세점(시내 · 출국장 면세점, 기내면세점, 지정면세점)에서 지출하는 분부터 적용
외국인기술자 소득세 감면 확대	• 감면혜택: 2년간 50% 감면 • 적용기한: 2018년 12월 31일	▶	• 감면혜택: 5년간 50% 감면 • 적용기한: 2021년 12월 31일
직무발명보상금 비과세 확대	비과세 한도: 300만 원	▶	비과세 한도: 500만 원
납세조합 조합원 세액공제율 축소	공제율: 10%	▶	공제율: 5%
생산직근로자 야간근로수당 등 비과세 확대	• 소득요건 – 월정액 급여 190만 원 이하 – 직전 과세기간 총급여액 2,500만 원 이하 • 대상 직종: 공장 · 광산 근로자, 어업 종사 근로자, 운전원과 관련 종사자, 배달 · 수하물 운반 종사자 • 비과세 한도: 연간 240만 원	▶	• 소득요건 완화 – 월정액 급여 210만 원 이하 – 직전 과세기간 총급여액 2,500만 원 이하 • 대상 직종 확대: 기존에서 돌봄서비스, 미용 관련 서비스, 숙박시설 서비스로 확대 • 비과세 한도: 연간 240만 원 동일

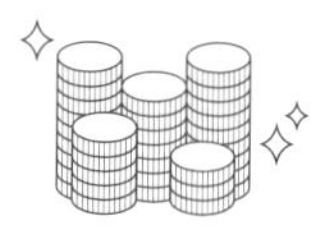

CONTENTS

환급 많이 받으려면 부양가족이 중요하다!

13번째 월급을 찾아라

PART 3

생활비의 중심, 카드를 효율적으로 사용하자

의료비와 교육비도 돌려받을 수 있다

13번째 월급을 찾아라

내 보험료와 기부금도 돌려준다고?

13번째 월급을 찾아라

PART 6 금융상품 투자 수익도 얻고 환급도 받고

13번째 월급을 찾아라

PART 7 알아두면 유용한 연말정산 상식

PART 1

연말정산, 계획이 필요해!

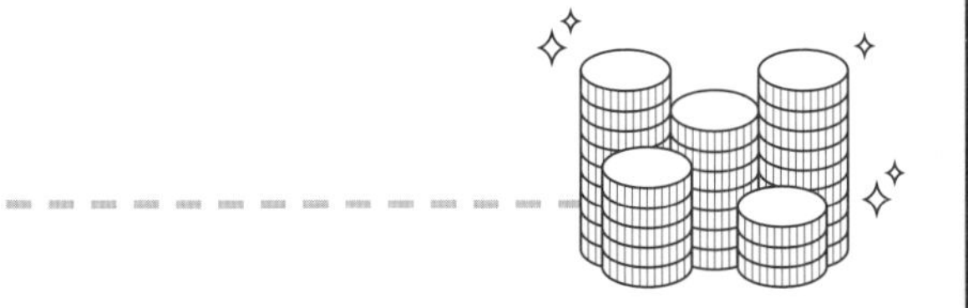

01

회사에서 연말정산 안내를 받았다! 그런데 어떻게 하라는 거지?

막내 신입이 연말정산 만렙인 박과장에게 "과장님, 회사에서 연말정산을 하라고 했는데 무슨 말인지 모르겠습니다. 연말정산을 왜 하는지, 어떻게 하라는 건지 이해가 안돼요."하고 말했다. 박과장은 "그럴 거야. 직장에 오래 다녔다 해도 연말정산에 대해서 정확하게 아는 사람은 드물지. 그냥 세금 보너스 받는 것 아니면 세금을 토해내는 것 정도로만 알고 있지. 연말정산은 자네가 1년 동안 받은 급여에 대한 소득세를 정확하게 계산하는 것에서 출발해"라고 말했다.

신입은 "매달 월급에서 세금을 떼잖아요? 그건 뭐예요?"하고 물었다. 이에 박과장은 "그래. 근데 그 세금은 1년간 소득에 대한 정확한 세금이 아니야. 일정한 산식에 따라 급여에서 일단 세금을 떼는 거지. 1년간의 정확한 세금을 계산한 후 매달 낸 세금과의 차액을 정산하는 걸 연말정산이라고 해"라고 설명해주었다. 신입이 "1년 급여에 대한 소득세와 매달 낸 세금의 합계액이 차이가 많이 나나요?"하고 묻자, 박과장은 "차이가 많이 날 수도, 그러지 않을 수도 있지. 연말정산할 때는 실제 발생한 의료비·신용카드 등 각종 지출액과 가족 공제를 모두 반영해 실제 소득세를 계산해. 그러니 매달 급여에서 일정 산식에 따라 계산한 세금 합계액과는 차이가 날 수 밖에 없겠지?"하고 추가 설명했다. 신입은 "아하! 그럼 제가 할 일은 각종 비용과 가족 등 공제 서류를 제출하면 되겠네요. 고맙습니다"라고 말하면서 어디론가 급히 뛰어갔다.

₩ 연말정산이란 무엇일까?

1년의 급여에 대한 소득세와 매달 월급 수령 시 낸 세금을 정산하여 추가 납부 또는 돌려받는 것이다. 실제 지출한 의료비 등 각종 금액과 가족 공제를 반영하여 1년 총급여에 대한 정확한 소득세(결정세액)를 계산한다. 따라서 실제 소득세를 계산하려면 의료비, 교육비, 신용카드 등 지출내역과 가족 등에 관한 입증서류를 제출하는 절차가 필요하다.

예를 들어, 월급 400만 원인 A씨는 부양가족이 2명(20세 이하 자녀 2명 포함)이고 원천징수비율은 100%를 선택했다고 하자. 매월 400만 원을 받을 때 급여에서 소득세 8만 9,050원과 지방소득세 8,900원이 차감된다(소득세 외에 4대보험료도 차감).

○ 원천징수와 연말정산

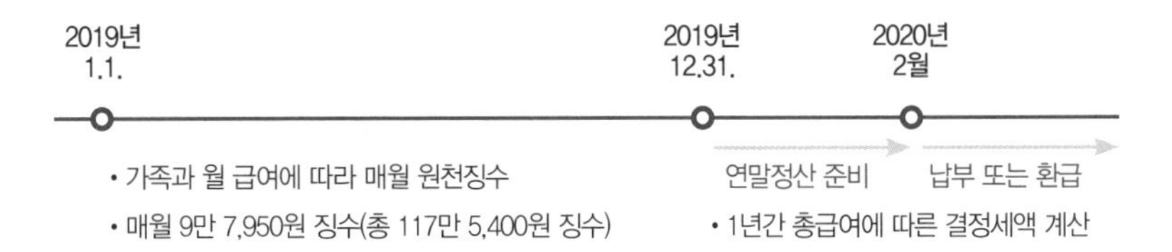

1년 급여 4,800만 원에 대하여 가족과 A씨의 의료비, 기부금, 신용카드 등 지출액과 가족공제를 반영하여 계산한 소득세(결정세액)가 150만 원(지방소득세 포함 시 165만 원)이라면 47만 4,600원을 추가 납부해야 한다. 1년 급여에 대해 내야 할 세금은 총 165만 원인데, 1월부터 12월까지 납부한 세금은 총 117만 5,400원이기 때문에 차액 47만 4,600원을 추가 납부해야 하는 것이다.

○ A씨의 추가 · 환급 납부

	추가 납부하는 경우	환급 받는 경우
1년간 급여에 대한 소득세(결정세액)	165만 원	13만 1,280원
1월~12월까지 납부한 세금	117만 5,400원	117만 5,400원
연말정산 결과	47만 4,600원	104만 4,120원 환급

반대로 4,800만 원에 대하여 가족과 A씨의 의료비, 기부금, 신용카드 등 지출액과 가족공제를 반영하여 계산한 소득세가 11만 9,350원(지방소득세 포함 시 13만 1,280원)이라면 104만 4,120원을 돌려받는다.

•TIP• 연말정산 환급을 많이 받으려면 가족과 본인이 실제 지출한 의료비, 교육비, 신용카드 등 지출내역과 가족에 관한 입증서류를 적극적으로 수집한 후 제출해야 한다.

⭘ 연말정산 시 소득세 계산 과정

	항목	내용	금액	비고
	총급여	1년간 급여 + 상여 + 수당 등의 합계액 ⇨ 비과세(육아휴직급여 등) 제외	4,800만 원	
(–)	근로소득공제	총급여에 따라 자동계산	1,215만 원	절세 ×
(–)	종합소득공제	① 인적공제 ⇨ 본인 · 배우자 · 자녀 · 부모 등	750만 원	
		② 4대보험료: 국민 · 건강 · 고용 · 요양	415만 4,330원	절세 ×
		③ 특별소득공제 ⇨ 임차 · 장기저당 등	300만 원	
		④ 기타소득공제 ⇨ 신용카드 · 소장펀드 · 벤처투자 등	400만 원	
	과세표준		1,719만 5,670원	
(×)	세율	6%~42%		
	산출세액		149만 9,350원	
(–)	세액공제	① 근로소득세액공제: 자동계산	66만 원	
		② 자녀세액공제	30만 원	
		③ 연금보험료 세액공제	0원	
		④ 특별세액공제 ⇨ 보험료/기부금/교육비/의료비 등	42만 원	
		⑤ 정치자금기부금		
		⑥ 월세액		
	결정세액		11만 9,350원	

*참고: 근로소득공제와 4대보험료는 급여에 따라 자동 산출되는 항목으로, 우리가 조절할 수 있는 절세항목이 아니다.

02

연말정산간소화서비스는 왜 이리 복잡할까?

뛰어갔던 막내 신입이 숨을 헐떡이며 박과장에게 왔다. "연말정산 서류 수집하는 거요. 회사에서 알려준 대로 연말정산간소화서비스에 들어갔는데 헷갈리고 어렵습니다. 작년에도 했는데 잘 모르겠어요" 하고 말했다. 박과장이 "복잡하기는 해. 용어도 낯설고 메뉴도 많고 절차도 복잡하니까. 그런데 하나씩 따라가면 쉬워. 우선 공제받을 가족을 선정해야 해. 그리고 부양가족의 동의를 받은 후 진행하면 돼"하고 추가로 설명해주었다.

₩ 연말정산간소화서비스에서 자료 출력하는 법

'공제받을 가족 결정 → 부양가족 동의 → 본인과 선택 가족의 간소화자료 조회' 순서로 진행하면 된다. 부양가족 동의는 만19세 미만 여부, 주소지 동일 여부, 가족 인증수단(공인인증서·휴대전화·신용카드)의 유무여부에 따라 절차와 조회기간이 다름에 유의해야 한다(홈택스 사이트 www.hometax.go.kr).

○ 연말정산 자료 출력 절차

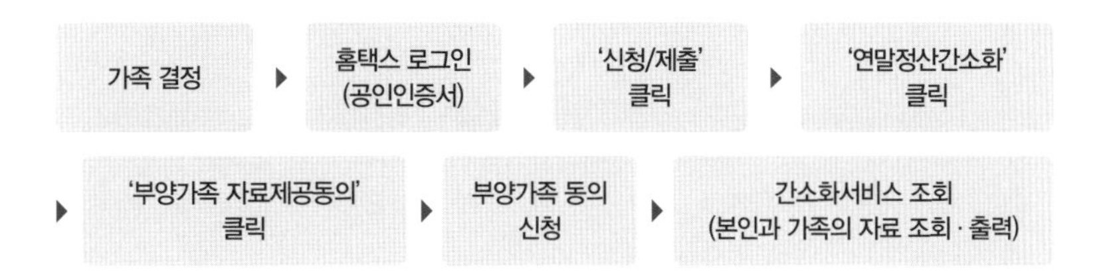

선택 가족에 따라 공제액이 달라진다?

연말정산간소화서비스에서는 본인뿐만 아니라 가족의 신용카드, 현금영수증, 기부금, 의료비, 보험료, 교육비 등 지출금액도 조회된다. 따라서 연말정산에 포함할 가족을 먼저 결정해야 한다. 공제 대상 가족 선택은 PART 2를 참조하면 된다.

함께 사는 부양가족의 동의 절차는?

직장인 본인과 가족의 주소지가 동일할 때, 홈택스 사이트나 모바일앱에서 제공동의를 신청하면 된다. 공인인증서, 휴대전화, 신용카드 중 하나가 있다면 부양가족(자료제공자)이 사이트에서 동의신청을 할 수 있다. 절차는 〈부양가족 동의신청 절차〉처럼 진행하면 바로 처리된다.

참고로 '④ 〔자료제공동의〕의 〔본인인증신청〕'을 클릭하면 〈본인인증화면〉으로 넘어간다. 화면 중 표시된 부분을 기재하고 신청하기를 클릭한 후, 인증하면 된다. (공인인증서: 비밀번호 입력, 휴대전화: 수신된 인증번호 입력, 신용카드: 비밀번호입력)

○ 부양가족 동의신청 절차

① 홈택스(www.hometax.go.kr) 접속 → ② [신청/제출] 클릭 → ③ 연말정산간소화 클릭 → ④ 우측 [자료제공동의]에서 [본인인증신청] 클릭 → ⑤ [신청정보 입력]에서 필요사항 입력 후 [신청하기] 클릭 → ⑥ 사용자인증 선택에서 본인인증 수단(공인인증서 · 휴대전화 · 신용카드) 선택 → ⑦ 본인 인증하여 신청

○ 본인인증 화면

•TIP• 동일주소에 거주하는 만19세 미만(2001. 1. 1. 이후 출생자) 자녀는 별도 동의 절차가 필요 없다. 홈택스 상단 메뉴 중 [신청/제출]에서 [연말정산간소화 → 자료제공동의신청(미성년자녀조회신청)]을 클릭, 자녀의 인적사항을 입력하고 [신청]하면 가족관계 확인 후 자동으로 등록된다.

₩ 따로 살고 있는 부양가족의 동의 절차는?

부양가족 인증수단이 없거나 본인과 가족의 주소지가 다른 경

우는 어떻게 해야 할까? 이때는 절차가 약간 복잡해지고, 신청해도 일정기간이 지나야 처리된다. 그리고 부양가족의 신분증(주민등록증, 여권, 운전면허증 등), 가족관계증명서가 필요하다.

신청방법은 홈택스 사이트·모바일·팩스를 활용하거나 세무서를 방문하여 신청하면 된다. 사이트로 신청할 경우 〈부양가족 인증하기〉 절차대로 진행하면 된다. 사이트에서 신분증·가족관계증명서를 파일로 올리기 어렵다면 팩스로 전송하면 된다.

○ 부양가족 인증하기

① 홈택스 접속 → ② [신청/제출] 클릭 → ③ 연말정산간소화 클릭 → ④ 우측 [자료제공동의]에서 [온라인 신청] 클릭 → ⑤ [신청정보 입력]에서 필요사항 입력 후 [신청하기] 클릭 → ⑥ [첨부서류 대상 파일선택]에서 신분증 사본 [파일찾기] 클릭 → ⑦ 신분증 사본 파일을 선택하고 [열기] 클릭 → ⑧ 기타서류 [파일찾기] 클릭 → ⑨ 가족관계 확인가능한 파일을 선택하고 [열기] 클릭 → ⑩ 업로드한 파일을 선택하고 [파일변환] 클릭 → ⑪ [첨부서류 제출하기] 클릭

○ 팩스를 이용하여 자료제공 동의 신청하기

① 홈택스 접속 → ② [신청/제출] 클릭 → ③ 연말정산간소화 클릭 → ④ 우측 [자료제공동의]에서 [팩스 신청] 클릭 → ⑤ 팩스 신청서 제출하기 버튼 클릭 → ⑥ [신청정보 입력]에서 자료 조회자, 자료 제공자 정보 입력 → ⑦ [신청하기 및 출력하기] 클릭 → ⑧ 출력된 신청서와 신분증 사본 · 가족관계증명서를 팩스로 전송(1544-7020)

부양가족동의가 끝났다면 본인과 가족의 연말정산간소화 자료 조회를 통해 누락된 자료가 있는지 확인한다. 연말정산간소화 자료 조회를 클릭하면 〈소득·세액공제 자료 조회 화면〉이 나온다. 가장 먼저 근무한 월을

체크한다(해당연도에 실직한 기간을 제외해야 한다). 예를 들어, 2019년 4월부터 12월까지 근무했다면 1월, 2월, 3월의 표시는 제외한다.

○ 소득 · 세액공제 자료 조회 화면 1

○ 소득 · 세액공제 자료 조회 화면 2

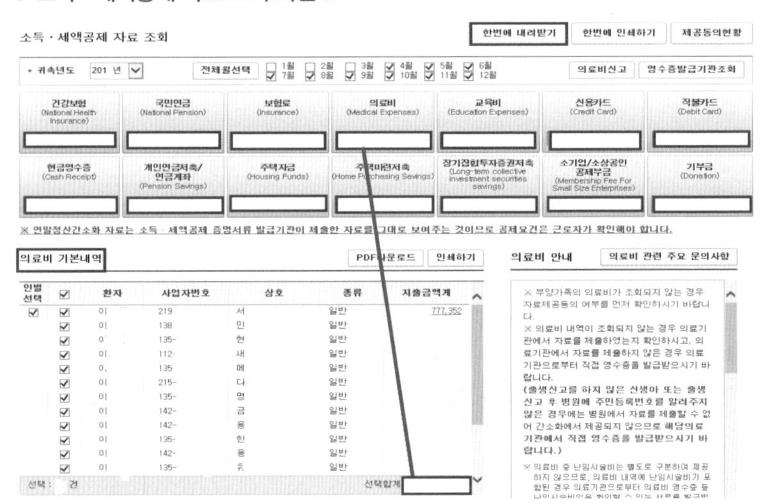

그다음 각 지출액(건강보험, 국민연금, 보험료 등)을 클릭하여 본인과 가족의 지출액이 맞는지 확인한다. 각 지출액을 확인하고 이상이 없으면 [한번에 내려받기]를 누른다. 내려 받은 파일을 회사에 제출하면 된다.

03

연말정산 서류를 제출하지 않는 직장인도 있다고?

"과장님, 연말정산 서류를 제출하지 않는 직장인이 있다고 하던데 어떤 사람들인가요?"하고 신입이 물었다. 박과장은 "급여에서 자동으로 공제되는 항목들이 있는데, 그 항목 외에는 낼 세금이 없는 사람들이야"하고 답변해주었다. 신입은 "자동으로 공제되는 항목이요?"하고 되물었다.

박과장은 "응. 근로소득공제, 가족별 부양가족공제, 근로소득세액공제 등은 급여·부양가족에 따라 자동으로 공제액이 정해지거든. 그 금액들을 차감하면 낼 세금이 없는 거야. 매달 뗀 세금이 있으면 모두 돌려받게 되지. 그리고 의료비, 신용카드 등은 총급여의 일정비율을 넘지 못하면 공제 못 받으니까. 일정비율 이하면 제출하지 않아도 돼" 하고 추가로 설명했다.

₩ 연말정산 서류, 꼭 제출해야 할까

부양가족 수와 급여 수준에 따라 서류를 제출하지 않아도 되는 직장인이 있다. 독신 1,408만 원, 2인 가족 1,623만 원, 3인 가족 2,499만 원, 4인 가족 3,083만 원 이하면 결정세액이 0원이므로 연말정산 서류를 제출하지 않아도 된다.

결정세액이 없는 직장인은 총급여에서 자동 공제되는 항목(근로소득공제·인적공제·근로소득세액공제·자녀세액공제·표준세액공제)만으로도 매월 납부한 세액을 전액 환급받을 수 있다.

○ 부양가족공제 대상 부양가족 수에 따라 결정세액이 없는 총급여액

(단위: 만 원)

구분 \ 가족 수	독신(본인)	2인 가족 (본인, 배우자)	3인 가족 (본인, 배우자, 자)	4인 가족 (본인, 배우자, 자2)
연간 총급여액	1,408 이하	1,623 이하	2,499 이하	3,083 이하
근로소득공제	713	768	900	987
인적공제	150	300	450	600
국민연금보험료	63	73	112	139
과세표준	481	481	1,037	1,357
산출세액	29	29	62	95
근로소득세액공제	16	16	34	52
자녀세액공제	–	–	15	30
표준세액공제	13	13	13	13
결정세액	0	0	0	0

자료: 국세청

₩ 의료비 자료 제출 기준은?

의료비가 총급여액의 3% 이하면 의료비 자료는 제출할 필요가 없다. 총급여액의 3% 초과 지출한 경우에만 공제받을 수 있기 때문이다. 예를 들어, 총급여 5,000만 원인 경우 의료비 지출액이 150만 원(5,000만 원×3%) 이하면 의료비 영수증을 모을 필요가 없다.

₩ 신용카드 · 현금영수증 자료 제출 기준은?

신용카드·현금영수증 등 사용액이 총급여액(최저사용액)의 25% 이하면 관련 자료를 제출할 필요가 없다. 즉, 신용카드·현금영수증·체크카드·대중교통비·전통시장·도서공연비 등은 총급여액의 25% 초과 사용한 경우 소득공제가 가능하다.

예를 들어, 총급여 5,000만 원인 경우 지출액이 1,250만 원 이하면 영수증을 수집할 필요가 없다.

04

의료비 · 기부금 등 조회 안 되는 자료는 어떻게 할까?

신입이 박과장에게 뛰어와서는 "과장님! 제 의료비하고 기부금이 연말정산 조회에서 안 나와요"하고 불평을 털어놓았다. 박과장은 "연말정산간소화 자료에 거의 모든 내역이 자동으로 반영되기는 하는데, 일부 항목은 자료가 없거나 오류나기도 해. 의료기관이나 해당 사업자가 신고를 안 했거나 잘못 신고했다면 연말정산간소화 조회에서 누락이 될 수 있어"하고 설명해주었다.

신입은 "그럼 어떻게 해야 하나요? 혹시 제가 영수증을 직접 발급받아야 하나요?"하고 물었다. 박과장은 "그래야 하겠지? 해당 사업자에게 직접 영수증 등의 증빙자료를 발급받아야 해"라고 말했다.

₩ 조회되지 않거나 사실과 다른 의료비는?

연말정산간소화서비스에서 의료비가 조회되지 않거나 사실과 다르면 어떻게 해야 할까? 의료비 신고센터 운영기간에 신고하거나 의료기관에 자료 발급을 요청해야 한다. 월세·보청기·안경·교복구입비·학원비·기부금 지출액은 해당 사업자에게 직접 영수증 등 증빙자료를 요청하면 된다.

의료비는 '홈택스 → 연말정산 → 연말정산간소화 → 조회되지 않는 의료비 신고센터' 절차로 신고하면 국세청이 해당 의료기관에 누락된 자료를 요청한다. 다만 신고하기 전, 근로자가 해당 의료기관에 직접 요청하면 처리 기간을 단축할 수 있다.

신고방법은 〈의료기관정보 조회 화면〉에서 기관명, 사업자등록번호로 해당 의료기관 검색 후 선택하면 된다. 만약 의료기관이 검색되지 않으면 〔신고하기〕 클릭 후 직접 입력한다. 신고 후 처리상황과 세무서 처리 담당자를 '신고내역 조회'에서 확인할 수 있다. 의료기관에서 일부러 자료를 제출하지 않을 수도 있다. 이 경우 본인이 직접 해당 의료기관에서 가서 자료를 받을 수 밖에 없다.

○ 의료기관정보 조회 화면

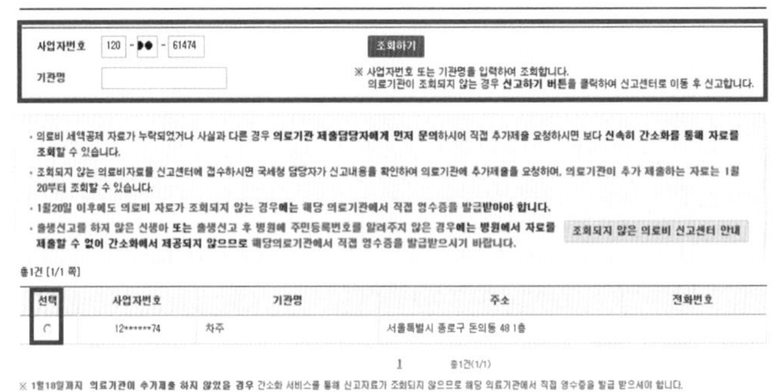

자료제출 의료기관정보조회

사업자번호 120 - ●● - 61474 조회하기

기관명

※ 사업자번호 또는 기관명을 입력하여 조회합니다.
의료기관이 조회되지 않는 경우 **신고하기 버튼**을 클릭하여 신고센터로 이동 후 신고합니다.

- 의료비 세액공제 자료가 누락되었거나 사실과 다른 경우 **의료기관 제출담당자에게 먼저 문의**하시어 직접 추가제출 요청하시면 보다 **신속히 간소화를 통해 자료를 조회할** 수 있습니다.
- 조회되지 않는 의료비자료를 신고센터에 접수하시면 국세청 담당자가 신고내용을 확인하여 의료기관에 추가제출을 요청하며, 의료기관이 추가 제출하는 자료는 1월 20부터 조회할 수 있습니다.
- **1월20일 이후에도 의료비 자료가 조회되지 않는 경우에는 해당 의료기관에서 직접 영수증을 발급받아야 합니다.**
- **출생신고를 하지 않은 신생아 또는 출생신고 후 병원에 주민등록번호를 알려주지 않은 경우에는 병원에서 자료를 제출할 수 없어 간소화에서 제공되지 않으므로** 해당의료기관에서 직접 영수증을 발급받으시기 바랍니다.

조회되지 않은 의료비 신고센터 안내

총1건 [1/1 쪽]

선택	사업자번호	기관명	주소	전화번호
○	12******74	차주	서울특별시 종로구 돈의동 48 1층	

1 총1건(1/1)

※ **1월18일까지 의료기관이 추가제출 하지 않았을 경우** 간소화 서비스를 통해 신고자료가 조회되지 않으므로 해당 의료기관에서 직접 영수증을 발급 받으셔야 합니다.

신고하기 신고내역 조회

○ 의료비 신고센터 화면

조회되지 않는 의료비 신고센터

사업자번호	[ ] - [ ] - [ ] 확인
신고자명	
신고자 전화번호	[ ] - [ ] - [ ]
신고자 메일주소	[ ] @ [ ] 선택하세요 ※ 입력한 메일주소로 처리결과가 발송됩니다.
신고사유	신고사유선택 미용 · 성형수술비용 및 건강증진 의약품 구입비용은 공제대상이 아니므로 해당 의료기관에 확인 후 신고하시기 바랍니다. (예시: 처방전 없이 구매하는 일반의약품, 저작기능 장애가 없는 교정치료비 등)
신고내용	*환자성명, 주민번호, 진료(수납)일자, 누락된 의료비금액 등을 구체적으로 작성하시기 바랍니다. *영문자 1000자 이내, 한글 500자 이내

※ 국세청이 의료기관에 위 신고내용에 대한 의료비 자료를 추가 또는 수정 제출 하도록 요청해 주시기 바랍니다.

신고내역 접수하기 | 의료기관 조회화면 이동

₩ 그밖에 조회되지 않는 지출액 요청하는 곳

월세는 연말정산간소화서비스에서 자동으로 조회되지 않는다. 또한 보청기·휠체어 등 장애인보장구 구입임차비용, 안경·콘텍트렌즈 비용, 중고생 교복비, 취학 전 아동의 학원비, 교회·사찰 등 종교단체 기부금, 사회복지단체·시민단체 등의 기부금은 조회되지 않을 수 있다. 월세는 집주인 동의가 없어도 임대차계약서사본 등을 제출하기만 하면 월세세액공제나 현금영수증을 신청할 수 있다.

05

회사를 옮겼거나 투잡 뛰고 있는 나, 연말정산 어떻게 할까?

박대리가 "과장님 저는 5월에 전 직장을 그만두고, 이곳에 입사했어요. 어떻게 연말정산해야 하나요?"하고 물었다. 박과장이 "이직한 직장인은 현재 다니고 있는 회사에서 연말정산하면 돼. 다만, 전 직장의 근로소득원천징수영수증을 제출해야 해"하고 답변해주었다.

박대리는 "간단하네요. 아, 친구가 2군데 이상의 회사에서 월급을 받고 있는데… 연말정산해야 하나요?"하고 물었다. 박과장은 "그건 일단 한 직장에서 연말정산하고, 별도 시기에 맞춰 최종 연말정산하면 돼. 혹시 자네가 투잡 뛰는 거 아냐?"하고 농담반 진담반으로 말하자, 박대리는 순간 당황하면서 "아니에요. 친구가 알아봐달라고 해서 여쭤본 거예요"하고 말했다.

₩ 이직하거나 2개 이상의 회사에서 근무하고 있다면?

이직을 했다면, 현재 근무하고 있는 회사(12월 31일 기준)에서 연말정산을 해야 한다. 이때 전 직장의 원천징수영수증을 현 직장에 내면 된다. 1년간 급여를 합산하여 연말정산하기 때문이다. 만약 원천징수영수증이 없다면 전 직장에 요구하면 된다.

2개 이상의 회사에서 근무하고 있다면, 1개 회사에 나머지 회사의 원천징수영수증을 제출해야 한다. 대표로 1개 회사에서 나머지 회사의 급여를 합산하는 것이다. 예를 들어, A회사와 B회사에서 근무하고 있다고 하자. 연말정산을 A회사에서 한다면 B회사의 원천징수영수증을 수령하여 A회사에 제출하면 된다.

•TIP• 한 회사에 다른 회사 원천징수영수증을 제출한다면 투잡 사실이 알려지게 된다. 만약 어느 회사이건 자신의 투잡 사실을 알리기 싫다면 각 회사에서 따로 연말정산한 후 5월 1일~5월 31일의 종합소득세 확정신고기간에 최종 신고납부하면 된다.
각 회사에서 2월에 연말정산할 때는 연봉이 높은 회사에 공제액을 제대로 넣고, 연봉이 낮은 회사에는 기본공제, 4대보험료만 넣은 후 연말정산하는 게 좋다. 그렇지 않으면 5월에 합산신고할 때 추가로 내야 하는 세금이 많을 수 있기 때문이다.

06

옆자리 동료는 세금 환급받는데 나는 왜 토해내는 걸까?

신입이 "과장님! 마케팅 최사원이요. 그 친구랑 저는 입사 동기고 급여도 같은데 저는 세금 20만 원을 토해내고 그 친구는 50만 원 환급받는대요"하고 말했다. 박과장이 "억울하겠네"하자, 신입은 "당연히 억울하죠"라고 말했다. 박과장은 "내가 전에 연말정산은 가족과 본인이 실제 지출한 의료비, 신용카드 등 각종 금액을 넣어서 차감한다고 했지? 급여는 똑같은데 급여에서 차감할 가족공제액과 실제 지출액이 자네보다 최사원이 많아서 환급받는 거겠지?"하고 설명해주었다.

₩ 급여가 같아도 공제액이 다르면 환급액도 다르다

공제액을 최대한 반영하는 게 연말정산 절세의 핵심이다. 소득·세액공제액을 늘리면 내야 할 세금(결정세액)은 줄어들고 세금환급액이 많아진다.

따라서 공제액을 얼마나 증가시킬 수 있는가가 중요하다. 공제받을 수 있는 부양가족을 많이 포함하면 부양가족공제와 더불어 신용카드·현금영수증·의료비·교육비 등이 증가하여 공제액도 증가한다. 따라서 내야 할 결정세액이 줄어들고 세금환급액이 많아진다. 또한 연금저축·벤처기업투자액·월세·주택청약종합저축 납입액·담보대출 이자상환액 등 금액이 증가해도 내야 할 세금은 줄어든다. 예를 들어보자. 〈A와 B의 소득공제액 비교〉에서 보듯 A와 B는 급여가 동일하다. 하지만 A는 소득공제액 2,000만 원, 세액공제액 100만 원으로 내야 할 세금은 242만 원(지방소득세 포함 시 266만 2,000원)이다. B는 소득공제액 3,000만 원, 세액공제액 162만 원으로 A에 비해 훨씬 많다. 따라서 B의 세금은 30만 원이다. 만약 A와 B 모두 1월부터 12월까지 198만 원(지방소득세 포함)의 세금을 냈다면 연말정산 결과로 A는 68만 2,000원을 추가로 내야 하지만, B는 165만 원을 돌려받게 된다.

○ A와 B의 소득공제액 비교

		A	B
총급여		5,000만 원	5,000만 원
소득공제	가족 · 주택자금 · 신용카드 · 주택자금 등	2,000만 원	3,000만 원
과세표준		3,000만 원	2,000만 원
산출세액	6%, 15%	342만 원	192만 원
세액공제	보험료 · 의료비 · 교육비 · 연금저축 · 기부금 · 월세 등	100만 원	162만 원
결정세액		242만 원	30만 원

07

세금 환급받았는데 연말정산 잘한 게 아니라고?

김대리가 박과장에게 "과장님 저 이번에도 100만 원 넘는 세금을 환급받았습니다"하고 자랑했다. "축하하네" 과장이 말을 건네자 김대리는 "연말정산을 잘해서 그런지 세금환급액이 매년 쏠쏠해요"하고 뿌듯한 표정을 지었다. 박과장이 "혹시 자네 매달 급여에서 떼는 세금 비율이 120%인가?"하고 물었다. 김대리는 "그건 잘 모르겠는데, 무슨 상관이 있나요?"하고 놀란 표정을 지었다.

박과장은 "원천징수영수증의 결정세액이 얼마인지 확인해보게. 연말정산이 끝난 후 결정세액은 1년간 급여에 대해서 실제 낸 세금이야. 만약 가족공제·의료비 등 지출액을 추가할 게 있으면 그 결정세액 내에서 더 돌려받을 수 있어"하고 설명해주었다.

₩ 환급액이 아닌 결정세액을 확인하라

연말정산이 끝난 후 결정세액 확인하는 습관을 가져라. 결정세액을 줄여야 '잘한 연말정산'이다. 특히 원천징수비율을 120%로 설정한 후 환급받았다면 꼼꼼히 확인해야 한다. 놓쳤거나 추가할 공제가 있는지 체크하자.

결정세액은 〈원청징수영수증 일부〉와 같이 서류 1쪽의 72번으로 표시되어 있다. 앞서 언급했듯 결정세액은 1년간 급여에 대해서 최종적으로 낸 세금이다. 예를 들어, 결정세액이 100만 원이고 1월부터 12월까지 매월 뗀 세금의 합계액(기납부세액)이 150만 원이면 연말정산으로 50만 원을 돌려받을 수 있다.

○ 원천징수영수증 일부

	구 분			78 소득세	79 지방소득세	80 농어촌특별세
Ⅲ 세액명세	72 결정세액			1,000,000	100,000	
	기납부세액	73 종(전)근무지 (결정세액란의 세액을 적습니다)	사업자등록번호			
		74 주(현)근무지		1,500,000	150,000	
	75 납부특례세액					
	76 차감징수세액(72-73-74-75)			-500,000	-50,000	

₩ 원천징수비율, 무엇이 좋을까

직장인은 월급과 부양가족 수 기반으로 산출된 간이세액표에 따라 정해진 세금을 낸다. 이때 간이세액표에서 세금 비율을 80% 또는 120%로 선택할 수 있다. 예를 들어, 비율 100%일 때 월급 400만 원, 부양가족 2명(20세 이하 자녀 2명 포함)이면 급여에서 소득세 8만 9,050원과 지방소득세 8,900원이 차감된다(소득세 외에 4대보험료도 차감).

이때 원천징수비율을 80%로 선택하면 7만 1,240원(=8만 9,050×80%)

의 소득세와 지방소득세 7,120원이 차감된다. 원천징수비율을 120%로 선택하면 10만 6,860원의 소득세와 1만 680원의 지방소득세를 급여에서 차감한다.

○ 원천징수 비율에 따른 월급여

구분	원천징수비율		
	80%	100%	120%
매월 떼는 세금	7만 8,360원	9만 7,950원	11만 7,540원
합계액	94만 320원	117만 5,400원	141만 480원

〈원천징수 비율에 따른 월급여〉를 보자. 원천징수비율이 120%일 경우 이미 납부한 세금이 많기 때문에 80%나 100%에 비해 환급액이 많거나 추가 세금이 적을 수 있다. 따라서 연말정산을 잘한 것으로 오해할 수 있다. 가족이나 본인의 공제액 중 빠트린 것이 있는지, 추가할 공제가 있는지 꼭 확인하는 습관을 가져야 한다.

08

연말정산 후 내야 하는 세금, 한꺼번에 내기 버겁다면?

유상무가 박과장을 급히 찾아와서 "이번에 연말정산을 했는데 300만 원을 더 내라고 하더라고. 월급에서 300만 원을 빼면 남는 게 별로 없어 난감하다네. 방법이 없을까?"하고 물었다. 박과장은 "너무 걱정하지 않으셔도 됩니다. 추가 세금이 10만 원을 넘으면 3개월에 걸쳐 분납할 수 있습니다. 분납보다도 놓치거나 추가할 공제가 있는지 체크하는 게 중요합니다. 세금을 더 줄일 수 있거든요"하고 조언해주었다.

₩ 추가 납부 세금이 10만 원을 초과했다면?

연말정산 후 추가 세금이 10만 원이 넘었는가? 한번에 내기 버겁다면 분납을 활용하자. 직장인은 3개월에 걸쳐 분납할 수 있다. 그보다 놓치거나 추가할 공제가 있는지 체크하는 것이 우선이다.

추가 납부 세금이 10만 원을 초과하는 경우 소득·세액공제신고서에 분납신청을 표시하여 회사에 제출하면 된다. 그러면 회사는 2월분부터 4월분 급여를 지급할 때 추가 납부 세액을 분할하여 원천징수하게 된다. 다만 분납신청한 직장인이 분납기간 중 퇴사하는 경우, 회사는 잔여 분납금액을 한꺼번에 원천징수하게 된다.

•TIP• 원천징수비율을 80%로 선택하면 연말정산할 때 추가로 납부하는 세금이 많아진다. 만약 80% 선택 후 추가 납부 세액이 많아 버겁다면, 비율을 100%나 120%로 선택하는 게 나을 수 있다.

09

미혼 직장인, 똑똑하게 환급받는 법

마케팅 부서의 최사원이 박과장을 찾아왔다. "과장님 저는 미혼이라 연말정산 때 공제받을 게 없어 세금을 많이 토해내야 합니다. 줄일 수 있는 방법이 없을까요?" 박과장은 "미혼 직장인은 공제받을 게 없다고 생각하는데 꼭 그렇지만도 않아. 찾아보면 의외로 좀 있어. 지금 소득이 없는 가족과 함께 살고 있다면, 그 가족에 대해서 공제를 신청할 수도 있지"하고 말했다. 그러자 최사원이 "어머님께서 만60세가 안 되셔서 공제를 못 받아요"하고 말했다.

박과장은 "연세가 만60이 되지 않으셨어도 기부금·의료비·신용카드 등 지출액은 자네 연말정산에 포함할 수 있어. 또한 자네를 세대주로 변경하면 총급여 7,000만 원 이하니까 월세세액공제, 임차보증금대출 원리금, 담보대출 이자상환액 공제, 주택청약종합저축의 소득공제도 가능할 수 있지. 연금저축, 벤처기업투자 등 직장인 본인이 불입했을 때 세액공제·소득공제를 받을 수 있는 금융상품도 활용하면 도움이 되지"하고 자세하게 설명해주었다.

₩ 미혼 직장인과 소득 있는 가족이 함께 살고 있다면?

소득 있는 가족과 함께 거주하고 있다면, 소득 없는 가족에 대해 누가 공제받을 것인지 결정해야 한다. 결정 이후 세대주 요건, 금융상품 등 공제받을 수 있는 항목을 최대한 활용해본다.

예를 들어, 미혼 직장인 본인과 직장인 아버지/소득 없는 어머니가 함께 거주하고 있는 경우를 보자. 소득 없는 어머니의 공제를 미혼 직장인과 아버지 중 누가 받는 것이 더 나은지 결정해야 한다. 소득 없는 어머니를 미혼 직장인에 포함하였을 때 결정세액과 아버지에 포함하였을 때의 결정세액을 비교하여 유리한 쪽으로 결정한다.

만약 소득 없는 가족이 2명 이상이라면, 미혼 직장인과 소득 있는 가족에게 소득 없는 가족을 배분해야 한다. 이때는 결정세액이 비슷하도록 배분하면 된다.

₩ 소득 없는 가족과 살고 있다면?

나이 요건이 맞지 않고, 소득도 없는 가족의 기부금·교육비(형제자매)·신용카드·의료비 등 공제도 챙겨야 한다. 예를 들어, 부모 모두 연소득금액이 100만 원 미만, 만60세 미만이라면 부양가족공제는 받을 수 없다. 하지만 부모의 신용카드 사용액·기부금·의료비는 모두 미혼 직장인이 공제받을 수 있다. 또한 함께 살고 있는 형제자매(20세 이상) 연소득금액이 100만 원 미만이라면, 기부금·의료비·교육비를 미혼 직장인 연말정산에 포함하여 공제받을 수 있다.

만60세 이상, 소득 없는 부모와 함께 거주하면서 세대원인 미혼 여성 직장인이 받는 공제는 따로 있다. 총급여 4,147만 588원 이하일 때, 세대주로 변경하면 부녀자공제를 받을 수 있다.

무주택자로 총급여 7,000만 원 이하 직장인이 본인을 세대주로 변경하면 주택청약종합저축의 불입액·월세의 소득공제를 받을 수 있다. 또한 무주택세대주는 주택임차차입금(전세보증금대출금 등)의 원리금·주택담보대출 이자상환액 소득공제도 받을 수 있다.

₩ 금융상품 가입도 혜택 받는다

연금저축에 불입하면 불입금액(한도 있음)의 16.5%(지방소득세 포함) 또는 13.2%(지방소득세 포함) 세액공제를 받을 수 있다. 벤처기업투자나 우리사주출연의 경우에도 소득공제를 받을 수 있다.

그러나 각각의 금융상품은 장단점이 있으므로 가입할 때 신중해야 한다. 연금저축은 불입할 때 세액공제 받을 수 있지만 해지하거나 연금 수령할 때 소득세를 내야 한다. 벤처기업투자의 경우 소득공제로 인한 절세혜택이 크지만 원금손실 위험성이 있다.

10

맞벌이 부부, 환급 최대로 받는 방법은?

연말정산으로 300만 원의 세금을 내야 하는 유상무가 박과장에게 "이번 연말정산은 완전히 틀렸어. 내년 연말정산을 잘 준비하고 싶은데 어떻게 해야 하지?"하고 물었다. 박과장은 "혹시 사모님께서도 직장인 아니신가요?"하고 묻자 유상무는 "와이프도 직장에 다니지. 나보다 연봉이 높아"라고 말했다. 박과장이 "그러면 사모님 쪽으로 부양가족을 넣으신 거 아닌가요?"하고 질문을 던졌다.

유상무는 "당연히 연봉이 나보다 많으니까. 가족 전부 와이프가 공제받지"하고 말했다. 박과장은 "연봉이 많은 사람에게 가족을 다 넣으면 오히려 손해일 수 있습니다. 결정세액이 같도록 잘 배분해야 하거든요. 실제로 가족배분 시뮬레이션을 해봐야 정확하게 알 수 있습니다. 연초에 전년도 연말정산을 바탕으로 신용카드·의료비 등의 결제자를 누구로 하고 얼마큼 사용할지를 결정해놓으면 다음 연도 연말정산할 때 크게 도움이 될 겁니다"하고 설명해주었다.

₩ 부부 세금 최소화하는 방법이 따로 있다

연말정산할 때에는 부부간 결정세액이 비슷하도록 부양가족을 배분해야 부부 세금을 최소화할 수 있다. 연말정산이 끝난 후에는 신용카드·의료비 등의 지출자와 지출금액을 정해야 다음 연도 연말정산에 도움이 된다. 이처럼 연말에는 가족배분을, 연초에는 계획적인 소비를 해야 한다.

부양가족 배분은 다음과 같이 하면 된다. 부모, 자녀 등 부양가족을 제외하고 과세표준을 계산한 후, 배분하면 된다. 이때 과세표준만 동일하게 맞춰서는 안 된다. 교육비·의료비·기부금 등 세액공제액이 부양가족별로 다르기 때문이다.

₩ 지출자는 사전에 정하자

신용카드 등 지출액은 총급여의 25%를 초과하는 금액에 대해서 공제받을 수 있다. 따라서 전년도 총 지출금액을 바탕으로 누가 얼마큼 결제하는 게 좋은지 사전에 결정한 후 소비하면 연말정산 절세액이 클 수 있다. 또한 총급여의 3%를 초과하는 의료비도 결제자를 정해놓는 게 좋다.

₩ 담보대출 받았거나 전월세일 때도 연말정산을 고려하자

무주택세대주, 총급여 7,000만 원 이하라면 주택청약종합저축 불입액·월세액을 공제받을 수 있다. 또한 무주택세대주로 주택임차차입금(전세보증금대출금 등)의 원리금, 주택담보대출 이자상환액이 있다면 해당 금액도 소득공제 받을 수 있다. 이때 부부 중 누가 공제받는 게 좋을지를 시뮬레이션해본 후 유리한 자가 공제받도록 한다.

자세한 사항은 〈연말정산 공제 요약표〉를 참고하라.

○ 연말정산 공제 요약표

<table>
<tr><th>항목</th><th colspan="2">구분</th><th>공제금액 · 한도</th><th colspan="3">공제 요건</th></tr>
<tr><td rowspan="13">부양가족공제(인적공제)</td><td colspan="2" rowspan="9">부양가족공제</td><td rowspan="9">1명당 150만 원</td><td>구분</td><td>소득요건*</td><td>나이요건**</td></tr>
<tr><td>본인</td><td>×</td><td>×</td></tr>
<tr><td>배우자</td><td>○</td><td>×</td></tr>
<tr><td>직계존속</td><td>○</td><td>만60세 이상</td></tr>
<tr><td>형제자매</td><td>○</td><td>만20세 이하
만60세 이상</td></tr>
<tr><td>직계비속
(입양자 포함)</td><td>○</td><td>만20세 이하</td></tr>
<tr><td>위탁아동</td><td>○</td><td>만18세 미만</td></tr>
<tr><td>수급자 등</td><td>○</td><td>×</td></tr>
<tr><td colspan="3">*연간소득금액 합계액 100만 원 이하
(근로소득만 있는 자는 총급여액 500만 원 이하)
**장애인의 경우 나이요건 적용하지 않음</td></tr>
<tr><td rowspan="4">추가공제</td><td>경로우대</td><td>1명당 100만 원</td><td colspan="3">부양가족공제 대상자 중 만70세 이상</td></tr>
<tr><td>장애인</td><td>1명당 200만 원</td><td colspan="3">부양가족공제 대상자 중 장애인</td></tr>
<tr><td>부녀자</td><td>50만 원</td><td colspan="3">총급여 4,147만 588원 이하인 근로자가 다음 어느 하나에 해당하는 경우
– 배우자가 있는 여성 근로자
– 부양가족공제 대상자가 있는 여성 근로자로서 세대주</td></tr>
<tr><td>한부모</td><td>100만 원</td><td colspan="3">배우자가 없는 자로서 부양가족공제 대상자인 직계비속 또는 입양자가 있는 경우
(부녀자 공제와 중복적용 배제)</td></tr>
<tr><td colspan="3">연금보험료 공제</td><td>전액</td><td colspan="3">근로자 본인의 국민연금보험료 · 공무원연금법 등(공적연금관련법)에 따라 부담한 부담금 · 기여금</td></tr>
<tr><td rowspan="2">특별소득공제</td><td rowspan="2">보험료</td><td>건강보험료</td><td>전액</td><td colspan="3">근로자 본인의 건강보험료</td></tr>
<tr><td>노인장기요양</td><td>전액</td><td colspan="3">근로자 본인의 노인장기요양보험료</td></tr>
</table>

항목	구분		공제금액 · 한도	공제 요건
특별 소득 공제	보험료	고용보험료	전액	근로자 본인의 고용보험료
	주택 자금	주택임차차입금, 원리금상환액 등	원리금 상환액의 40% (연 300만 원 한도) ※주택마련저축 불입액 공제와 합하여 연 300만 원 한도	무주택세대의 세대주(세대주가 주택 관련 공제를 받지 않은 경우 세대원도 가능)인 근로자가 국민주택규모의 주택(주거용 오피스텔 포함)을 임차하기 위해 금융회사 등으로부터 차입한 차입금의 원리금상환액 무주택세대의 세대주(세대주가 주택 관련 공제를 받지 않은 경우 세대원도 가능)로서 총급여 5,000만 원 이하인 근로소득자가 국민주택규모의 주택(주거용 오피스텔 포함)을 임차하기 위해 대부업을 경영하지 아니하는 개인으로부터 연 1,000분의 21보다 낮은 이자율로 차입한 자금이 아닌 차입금의 원리금상환액
		장기주택 저당차입금 이자상환액 공제	이자상환액 (연 300만 원~ 1,800만 원 한도) *주택자금공제, 장기주택저당차입금, 주택마련저축을 합하여 종합한도 적용	무주택세대의 세대주가(세대주가 주택 관련 공제를 받지 않은 경우 세대원도 가능) 주택*(취득당시 기준시가 5억 원 이하)을 취득하기 위하여 당해 주택에 저당권을 설정하고 금융기관 등으로부터 차입한 장기주택저당차입금의 이자상환액 *2014년 이후 차입금부터 국민주택규모 기준 삭제 – 소유권 이전 · 보존등기일로부터 3월 이내에 차입 – 채무자와 저당권 설정된 주택의 소유자가 동일인일 것 ※ 공제한도 • 2015.1.1. 이후 차입분 – 15년 이상 상환, 비거치식이고 고정금리: 1,800만 원 – 15년 이상 상환, 비거치식 또는 고정금리: 1,500만 원 – 15년 이상 상환, 기타: 500만 원 – 10년 이상 상환, 비거치식 또는 고정금리: 300만 원 • 2012.1.1. 이후 차입분: 500만 원(비거치식 · 고정금리 대출: 1,500만 원) • 2011.12.31. 이전 차입분: 1,000만 원(상환기간 30년 이상: 1,500만 원) • 2003.12.31. 이전 차입분(상환기간 10년 이상): 연 600만 원(상환기간 15년 이상: 1,000만 원, 상환기간 30년 이상: 1,500만 원)
그 밖의 소득 공제	개인연금저축 소득공제		연 72만 원 한도	개인연금저축 불입액의 40% 공제 ※ 180만 원 불입시 연 72만 원 공제
	소기업 · 소상공인 공제부금 소득공제		500, 300, 200만 원 한도	소기업 · 소상공인에 해당하는 대표자(총급여액 7,000만 원 이하)의 노란우산공제 불입액 공제
	주택마련 저축공제		연 300만 원 한도	주택마련저축* 불입액의 40% 공제 – 무주택세대의 세대주로 총급여액 7,000만 원 이하자 *2014년까지 가입자 중 총급여액 7,000만 원 초과자는 종전한도로 2017년까지 공제 가능 – 국민주택규모의 주택(가입당시 기준시가 3억 원 이하)을 한 채만 소유한 세대의 세대주(2009.12.31. 이전 가입만 해당)

항목	구분	공제금액 · 한도	공제 요건
그 밖의 소득 공제	주택마련 저축공제	연 300만 원 한도	*주택마련저축 – 주택법에 의한 청약저축(연 납입액 240만 원 이하) – 주택청약종합저축(연 납입액 240만 원 이하) – 근로자주택마련저축(월 납입액 15만 원 이하) ※ 장기주택마련저축 소득공제 적용기한 (2012.12.31.) 만료
	투자조합출자 등 소득공제	출자 또는 투자 금액의 10% [100%*, 70%*, 30% (2018년 이후)] *3,000만 원 이하 **5,000만 원 이하	중소기업창업투자조합, 벤처기업 등에 투자/출자 또는 투자 후 2년이 되는 날이 속하는 과세연도까지 선택하여 공제 ※ 공제한도 구분: 2015년 이후 투자 / 공제한도: 종합소득금액의 50%
	신용카드 등 소득공제	신용카드 등 사용금액 – 총급여액 25% ×15%(30,40%)	• 15% 공제대상 사용금액(신용카드 사용금액) • 30% 공제대상 사용금액 – 현금영수증 기재금액 – 직불카드(체크카드),직불전자지급수단 · 기명식선불전자지급수단 또는 기명식전자화폐 사용금액 – 총급여 7,000만 원 이하자의 도서공연 비용 • 40% 공제대상 사용금액 – 전통시장 사용분(카드, 현금영수증) – 대중교통 이용분(카드, 현금영수증) • 본인, 배우자 및 생계를 같이 하는 직계존비속(소득금액은 제한 받으나, 나이제한 없음) • 300만 원(총급여 7,000만 원 초과자 250만 원, 1.2억 원 초과자 200만 원)과 총급여 20% 중 적은 금액 한도. 다만, 전통시장 사용분, 대중교통 이용분, 도서공연비 사용분은 각각 100만 원까지 추가 공제(최대 600만 원)
	우리사주조합 출연금소득공제	연 400만 원 (벤처 1,500만 원) 한도	우리사주조합원이 우리사주를 취득하기 위하여 우리사주조합에 출연한 금액
	고용유지중소기업 근로자 소득공제	임금삭감액의 50%(공제한도 : 1,000만 원)	고용유지 중소기업에 근로를 제공하는 상시 근로자에 대해 근로소득에서 공제(직전 과세연도의 해당 근로자 연간 임금총액 –해당 과세 연도의 해당 근로자 연간 임금총액) × 50%
	장기집합투자증권 저축 소득공제	저축납입액의 40% (연 240만 원 한도)	2015.12.31.까지 가입한 경우 가입일로부터 10년간 장기집합투자증권저축에 납입한 금액(해당 과세기간 총급여 8,000만 원 이하 근로자)

<table>
<tr><th>항목</th><th colspan="2">구분</th><th>공제금액 · 한도</th><th>공제 요건</th></tr>
<tr><td colspan="3">소득공제 종합한도 초과액</td><td>2,500만 원 한도</td><td>특별소득공제 및 그 밖의 소득공제 중 종합한도 적용 대상 소득공제액이 2,500만 원 초과 시 과세표준에 합산
– 적용대상: 주택자금공제, 주택마련저축, 소기업 · 소상공인 공제부금, 투자조합출자 등(2015년 이후 벤처기업 직접투자분 제외), 신용카드 등 사용금액, 우리사주조합 출연금, 장기집합투자증권저축</td></tr>
<tr><td>세액감면</td><td colspan="2">중소기업 취업자 세액감면</td><td>취업일부터 3년간 근로소득세 70% 감면. 단, 청년은 5년간 90% 감면</td><td>근로계약 체결일 현재 연령이 15세 이상~34세 이하(병역근무기간 제외: 한도 6년)인 사람, 60세 이상인 사람, 장애인, 경력단절여성이 중소기업에 2012.1.1.(60세 이상인 사람 또는 장애인의 경우 2014.1.1., 경력단절여성은 2017.1.1.) ~ 2021.12.31.까지 취업(경력단절여성은 동일 중소기업에 재취업)하는 경우 그 중소기업체에서 받는 급여에 대한 근로소득세를 세액감면(연 150만 원 한도)
※ 병역 이행 후 1년 이내에 복직하는 경우: 복직한 날로부터 2년, 복직한 날이 최초 취업일로부터 5년이 지나지 않은 경우 최초 취업일부터 7년까지 감면 적용</td></tr>
<tr><td rowspan="6">세액공제</td><td colspan="2">근로소득 세액공제</td><td>연 50만 원(66만 원, 74만 원) 한도</td><td><table><tr><th>산출세액</th><th>공제금액</th></tr><tr><td>130만 원 이하</td><td>55%</td></tr><tr><td>130만 원 초과</td><td>71만 5,000원+130만 원 초과금액의 30%</td></tr></table>〈공제한도〉
• 총급여액이 3,300만 원 이하: 74만 원
• 총급여액이 3,300만 원 초과~7,000만 원 이하: 74만 원 – [(총급여액 – 3,300만 원)×0.008] → 66만 원 보다 적은 경우 66만 원
• 총급여액이 7,000만 원 초과: 66만 원 – [(총급여액 – 7,000만 원)×1/2] → 50만 원보다 적은 경우 50만 원</td></tr>
<tr><td rowspan="2">자녀 세액 공제</td><td>7~20세 자녀</td><td>–</td><td>1명 15만 원, 2명 30만 원, 3명 이상 = 30만 원 + 2명 초과 1명당 30만 원</td></tr>
<tr><td>출산 · 입양</td><td>–</td><td>첫째 30만 원, 둘째 50만 원, 셋째 이상 70만 원</td></tr>
<tr><td rowspan="3">연금 계좌 세액 공제</td><td>과학기술인</td><td rowspan="3">연금계좌 납입액(연 700만 원 한도) × 12%(총급여 5,500만 원 이하는 15%)</td><td>과학기술인공제회법에 따른 퇴직연금 근로자 납입액</td></tr>
<tr><td>퇴직연금</td><td>근로자퇴직급여보장법에 따른 DC형 퇴직연금 · 개인형퇴직연금(IRP) 근로자 납입액</td></tr>
<tr><td>연금저축</td><td>연금저축계좌 근로자 납입액(총급여 1.2억 원 이하 400만 원, 초과자 300만 원 한도)</td></tr>
</table>

항목	구분			공제금액 · 한도	공제 요건	
세액 공제	특별 세액 공제	보장성 보험료		보험료 납입액 (100만 원 한도) × 12%	근로자가 기본공제 대상자를 피보험자로 지출한 보장성보험의 보험료 * 임차보증금 3억 원 이하의 반환보증 보험 포함	
		장애인전용 보장성 보험료		보험료 납입액 (100만 원 한도) × 15%	근로자가 기본공제 대상자인 장애인을 피보험자로 지출한 장애인전용보장성보험의 보험료	
		〈의료비〉 ㉮본인 ㉯65세 이상, 장애인인 ㉰건강보험 산정특례 (재)등록자 ㉱난임 시술비 ㉲그 외 부양가족		의료비공제 대상금액*×15% (난임시술비 20%) *의료비 공제 대상 금액 • 본인, 65세 이상, 장애인, 건강보험 산정특례 등록자 • 난임시술비: 한도 없음 • 그 외 부양가족: 연 700만 원	총급여액 3%를 초과하는 경우 공제 가능 • 공제 가능 의료비 – 진찰, 치료 등을 위한 의료기관 지출 비용(미용 · 성형수술비용 제외) – 치료요양을 위한 의약품 구입비용(건강증진 의약품 제외) – 장애인보장구 구입 · 임차비용 – 시력교정용안경(콘택트렌즈) 구입비용(1인당 연 50만 원 이내 금액) – 보청기 구입비용 – 장기요양급여비 본인 일부 부담금(의료비 공제금액 계산) 산출세액 / 공제금액 ㉲<총급여액 3% / (㉮+㉯+㉰+㉱)–(총급여액 3%–㉲) ㉲>=총급여액 3% / (㉮+㉯+㉰+㉱)+적은 금액[(㉲–총급여액 3%), 700만 원] ※ ㉯, ㉰, ㉱, ㉲: 나이 · 소득금액 제한 없으나 생계를 같이하는 부양가족에 해당되어야 함	
		교육비	취학 전 아동	• 교육비공제 대상금액×15% • 교육비 공제 대상금액 – 취학 전 아동, 초 · 중 · 고생: 1명당 300만 원 한도 – 대학생: 1명당 900만 원 한도	나이 제한을 받지 않음 (직계 존속은 공제대상 아님)	보육료, 학원비 · 체육시설 수강료, 유치원비, 방과후수업료(특별활동비 · 도서구입비 포함, 재료비 제외), 급식비
			초등 학생, 중·고생			교육비, 학교급식비, 교과서대, 방과후학교 수강료(도서구입비 포함, 재료비 제외), 국외교육비, 교복구입비(중 · 고생 50만 원), 현장체험학습비(30만 원 이내)
			대학생			교육비, 국외교육비(국외유학요건 폐지)
			근로자 본인	본인, 장애인: 한도 없음	교육기관 교육비, 대학 · 대학원 1학기 이상의 교육과정과 시간제 과정 교육비, 직업능력개발훈련 수강료, 학자금대출 원리금 상환액	
			장애인 특수 교육비		사회복지시설 등에 기본공제대상자인 장애인*의 재활교육을 위해 지급하는 비용 *이 경우 소득금액 제한 없으며, 직계존속도 공제 가능	

항목	구분			공제금액 · 한도	공제 요건
세액공제	특별세액공제	정치자금기부금	10만 원 이하	기부금의 100/110	정당, 후원회, 선거관리위원회에 기부한 금액 (근로자 본인의 정치자금기부금만 공제 가능) *공제한도: 소득금액의 100%
			10만 원 초과	– 3,000만 원 이하: 기부금의 15% – 3,000만 원 초과: 기부금의 25%	
		법정 기부금		– 1,000만 원 이하: 기부금의 15% – 1,000만 원 초과: 기부금의 30% 〈공제한도〉 – 법정기부금: 근로소득금액의 100% – 우리사주조합 기부금: 근로소득금액의 30% – 지정(종교단체 외): 근로소득금액의 30% – 지정(종교단체): 근로소득금액의 10%	국가 등에 지출한 기부금
		우리사주 조합 기부금			우리사주조합원이 아닌 근로자가 우리사주조합에 기부하는 기부금
		지정기부금 (종교단체 외)			사회복지 · 문화 등 공익성을 고려한 지정기부금 단체 중 비종교단체에 지출한 기부금
		지정기부금 (종교단체)			종교의 보급, 그 밖의 교화를 목적으로 민법에 따라 문화체육부장관 또는 지방자치단체의 장의 허가를 받아 설립한 비영리법인(그 소속 단체를 포함)에 기부한 기부금
		표준세액공제		연 13만 원	근로자가 특별소득공제, 특별세액공제, 월세액세액공제를 신청하지 아니한 경우 적용 *정치자금기부금, 우리사주조합기부금은 중복적용 가능
	납세조합공제			납세조합 원천징수 세액의 5%	원천징수 제외대상 근로소득자가 납세조합에 가입하여 매월분의 급여를 원천징수하는 경우 원천징수세액의 5% 세액공제
	주택차입금 이자상환액 세액공제			이자상환액의 30%	1995.11.1~1997.12.31. 기간 중 미분양주택의 취득과 관련하여 1995.11.1.이후 국민주택기금 등으로부터 차입한 대출금 이자상환액을 세액공제
	외국납부 세액공제			외국납부세액	거주자의 근로소득금액에 국외원천소득이 합산되어 있는 국외원천소득에 대해 외국에서 납부한 세액이 있는 경우 세액공제 • 세액공제한도 – 근로소득 산출세액 × $\frac{\text{국외근로소득금액}}{\text{근로소득금액}}$ – 한도 초과 시 이월하여 세액공제 가능

항목	구분	공제금액 · 한도	공제 요건
	월세액 세액공제	월세액 지급액 (750만 원 한도)의 10% (총급여 5,500만 원 이하 12%)	무주택세대의 세대주(세대주가 주택 관련 공제를 받지 않은 경우 세대원도 가능)로서 총급여 7,000만 원 이하인 근로소득자가 국민주택규모 이하 또는 기준시가 3억 원 이하 주택(주거용 오피스텔, 고시원 포함)을 임차하기 위하여 지급하는 월세액 *2017년부터 기본공제대상자가 계약한 경우 포함 *임대차계약서상 주소지와 주민등록 등본의 주소지가 같을 것 *2014년부터 '확정일자' 받을 요건 삭제

PART 2

환급 많이 받으려면 부양가족이 중요하다!

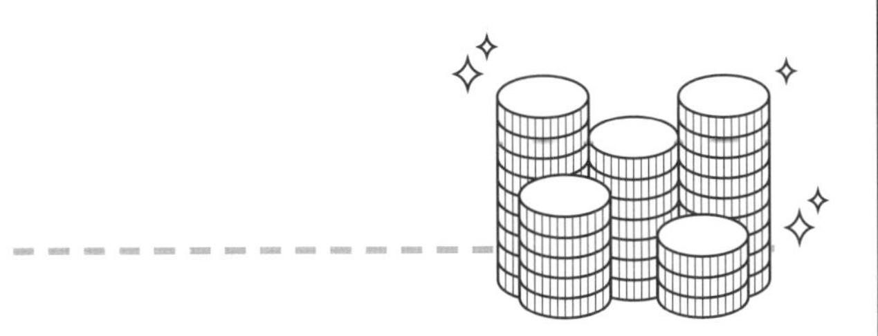

01

부양가족은 누구누구를 올려야 할까?

김대리가 "매년 연말정산해도 헷갈리는 게 부양가족입니다. 가족관련 서류를 제출하라고 하는데 가족 아무나 올려도 되나요?"하고 물었다. 박과장은 "아무나 올리면 안 되지. 자네가 부양하고 있는 가족이면 직계존속, 직계비속, 형제자매도 올릴 수 있어"라고 답했다. 그러자 김대리가 "직계존속과 직계비속은 뭐예요?"하고 물었다.

박과장이 "직계존속은 부모님, 할아버지, 할머니, 증조할아버지, 증조할머니 같은 분이야. 반대로 직계비속은 자녀, 손자녀 등이지"하고 설명해주었다. 그러자 김대리는 "그렇군요. 그럼 살아계신 부모님, 조부모님을 포함해도 되겠네요?"하고 물었다. 박과장은 "그런데 그 분들 중에 자네가 생활비를 드리면서 부양하는 분만 가능해. 거기에 소득·나이도 충족되어야 부양가족으로 포함할 수 있어"하고 답변해주었다.

₩ 연말정산에서 부양가족공제를 받으려면?

부양가족공제를 받으려면 가족의 나이, 소득, 부양요건 등 해당 요건을 정확하게 알아야 한다. 배우자·부모님·자녀·형제자매 등을 부양가족으로 하려면 대상자가 연소득금액(이하 연소득) 100만 원 이하라는 요건을 공통으로 충족해야 한다.

나이와 부양요건은 가족별로 다르다. 배우자는 연소득 100만 원 이하면 나이·부양요건을 따지지 않는다. 직계존속과 형제자매는 연소득금액·나이·부양요건을 모두 충족해야 한다. 자녀는 부양요건을 별도로 따지지 않는다. 연소득·나이만 충족하면 된다.

₩ 직계존속공제와 배우자공제를 알아보자

배우자는 주민등록상 별거하고 있어도 연소득 100만 원 이하면 배우자공제 150만 원을 받을 수 있다. 나이와 국적여부는 상관없다. 배우자는 법률혼 관계(혼인신고)인 자여야 하며, 사실혼 관계에 있는 자는 공제받지 못한다. 배우자공제를 받으려면 주민등록등본(외국국적 배우자는 외국인등록사실증명)을 제출해야 한다. 만약 배우자관계가 확인되지 않으면 혼인관계증명서를 제출하면 된다.

부부의 부모·할아버지·할머니 등도 부양가족에 포함하여 150만 원을 공제받을 수 있다. 단, 연소득 100만 원 이하, 만60세 이상(단 장애인인 경우 나이 관계없음)이며, 생계를 같이 해야 한다. 또한 다른 형제 등이 직계존속의 부양가족공제를 신청하지 않아야 한다. 여기서 '생계를 같이 한다'는 것은 '부양가족이 독립적인 생계능력이 없어 근로자 소득에 의존하여 생활하는 경우'를 말한다.

주민등록상 떨어져 거주하고 있더라도 근로자가 부양(생활비 등 지급)하고 있다면 부양가족공제 대상자로 신청할 수 있다. 이때 얼마를 지급하는지가 문제될 수 있지만, 세법상 정해진 기준은 없다. 현금으로 주는 경우에도 공제 가능하다.

법률혼 관계인 계부·계모, 호적에 등재되지 않은 친모, 외국인 배우자의 직계존속으로 해외 본국에 거주하는 직계존속(부양가족공제 요건을 입증하는 서류 필요)도 부양가족으로 포함하여 연말정산할 수 있다. 양자는 양부모와 친부모 모두 포함하여 공제받을 수 있다.

그러나 직계존속에 해당하지 않는 숙부·숙모·고모·고모부·외삼촌·이모·이모부 등, 직계존속과 사실혼 관계에 있는 자, 직계존속이 재혼한 경우 그 배우자의 직계존속, 해외에 이주·거주하고 있는 직계존속은 부양가족에 포함될 수 없다.

직장인과 함께 거주하는 직계존속이라면 주민등록등본을 제출하면 된다. 따로 살고 있다면 가족관계증명서를 제출해야 한다. 호적에 등재되지 않은 친모 등은 주민등록표등본(친모)과 인우보증서를 제출해야 한다.

₩ 직계비속의 공제 조건은?

자녀·손자·손녀·외손자·외손녀 등 직계비속과 입양자도 부양가족공제를 받을 수 있다. 재혼한 배우자의 자녀, 외국국적 자녀, 이혼하여 친권이 없거나 동거하지 않는 자녀도 부양가족으로 포함할 수 있다. 직계비속과 입양자는 주민등록표상 별거하고 있어도 연소득 100만 원 이하, 나이 요건(만20세 이하, 단 세법상 장애인은 나이 상관없음)을 충족하면 부양가족공제로 150만 원을 받을 수 있다.

사실혼 관계에 있는 자의 자녀와 직계비속의 배우자(며느리, 사위) 및 조카 등은 부양가족으로 올릴 수 없다. 직계비속은 주민등록등본을 회사에 제출하면 된다. 입양자라면 입양증명서 또는 주민등록등본이나 가족관계증명서 등을 제출하면 된다.

₩ 형제자매의 공제 조건을 알아보자

동생·처남·시동생·형·오빠·누나 등 형제자매도 조건만 충족하면 150만 원을 공제받을 수 있다. 다만, 외국에 거주하는 형제자매는 부양가족에 포함할 수 없다. 형제자매 공제를 받으려면 대상자가 만20세 이하 혹은 만60세 이상으로 연소득 100만 원 이하이며, 주민등록표상 동일 주소지에 거주해야 한다.

단, 세법상 장애인에 해당하면 나이제한은 없다. 또한 취학, 질병의 요양, 근무상·사업상 형편으로 주소를 일시 퇴거하여 다른 주소지에 거주하는 경우에는 생계를 같이 하는 것으로 보아 부양가족공제 대상자가 될 수 있다.

형제자매가 동일주소에 거주하면 주민등록등본을 제출하면 되지만 다른 주소에 거주하면 주민등록등본, 일시퇴거자동거가족상황표, 재학증명서 등을 함께 제출해야 한다.

02

직계존속을 부양가족으로 올릴 때 받을 수 있는 공제는?

"과장님! 부양가족을 올리면 한 사람당 150만 원 공제받죠? 세금으로 치면 제 경우 약 25만 원 정도 환급받거든요. 물론 그 금액이 적은 건 아니지만 그렇다고 많은 것도 아닌 것 같아요. 그럼에도 사람들이 부양가족을 올리려고 하는 이유가 뭔지 모르겠어요"하고 김대리가 박과장에게 물었다. 박과장은 "왜? 무슨 일 있어?"하고 김대리에게 물었다.

김대리는 "다른 게 아니고 형이 부모님을 본인 연말정산에 넣을 거라고 저는 넣지 말라고 해서요. 형은 급여도 저보다 많고 세금환급액도 그리 많지 않으니까 좀 양보하면 좋을텐데…"하고 불평을 쏟아냈다.

박과장은 "섭섭하겠다. 부양가족으로 올리면 부양가족공제 150만 원만 받는 게 아니야. 예를 들어, 만70세 아버님을 부양가족으로 올리면 부양가족공제 150만 원과 경로우대공제 100만 원을 받지. 그 외에 아버님이 사용한 신용카드·현금영수증·의료비·보험료·기부금 등도 포함해 공제받을 수 있어"하고 설명해주었다.

직계존속 부양가족공제의 3가지 요건

부모 등 직계존속 부양가족공제를 받으려면 나이·소득금액·부양 3가지 요건을 모두 충족해야 한다. 직계존속의 연소득 100만 원 이하일 때 만60세 이상~70세 미만이면 150만 원, 만70세 이상이면 250만 원(부양가족공제 150만 원과 경로우대공제 100만 원)을 공제받는다. 또한 직계존속이 사용한 보험료·의료비·기부금·신용카드 등도 공제받을 수 있다. 다만, 교육비는 공제받을 수 없다. 직계존속이 연도 중 사망한 경우, 사망한 연도까지는 공제받을 수 있다.

○ 직계존속의 공제 항목

나이	연소득금액 100만 원 이하 및 부양요건	공제액	기타공제
만70세 이상 (1949.12.31. 이전 출생)	충족	250만 원	보험료, 신용카드, 기부금, 의료비 공제
만60세 이상~70세 미만 (1948.1.1.~1959.12.31. 출생)	충족	150만 원	

사례의 김대리 부모가 만71세, 만65세라고 가정하자. 사용액은 신용카드·현금영수증·전통시장 1,000만 원, 의료비 300만 원, 기부금 100만 원이라고 해보자. 김대리 과세표준이 3,000만 원일 때, 부모의 사용액을 포함하면 신용카드 등 공제액은 200만 원 증가한다. 부모 의료비를 제외한 의료비가 총급여의 3%라고 가정했을 때, 부모를 연

말정산 때 포함하면 얼마나 환급받을 수 있을까? 〈공제액 계산 예시〉와 같이 총 165만 원을 환급받는다.

○ 공제액 계산 예시

부(1946년생), 모(1950년생)		
소득공제	부양가족공제액	부: 150만 원, 모: 150만 원
	경로우대공제액	부: 100만 원
	신용카드 · 체크카드 등 공제액	1,000만 원 사용으로 200만 원 공제
세액공제	기부금, 의료비	기부금 100만 원, 의료비 300만 원
절세액	과세표준 3,000만 원일 경우	소득공제 600만 원×16.5%=99만 원 세액공제 400만 원×16.5%= 66만 원 총 절세액= 165만 원

₩ 나이 요건이 맞지 않아도 공제 가능할까?

만60세 미만, 연소득 100만 원 이하인 직계존속을 부양할 경우, 부양가족공제·보험료 등 공제는 받지 못한다. 다만 직계존속의 신용카드·현금영수증·의료비·기부금은 연말정산에 포함할 수 있다.

또한 연소득 100만 원이 넘는 직계존속의 의료비를 직접 결제한다면 연말정산에 포함하여 공제받을 수 있다. 예를 들어, 연소득 100만 원이 넘지만 독립적으로 생계유지가 어려운 사업가 아버지의 경우를 보자. 아버지의 병원비 500만 원을 직장에 다니는 아들이 결제했다면,

500만 원은 아들의 연말정산에서 세액공제를 받을 수 있다. 이때 주의할 사항은 2가지다. 하나는 직장인 본인이 직접 결제해야 하고, 다른 하나는 직계존속이 독립적으로 생계를 유지하기 어려운 상태여야 한다.

•TIP• 직계존속 한 사람에 대해서 공제받을 수 있는 항목, 공제금액, 세금환급액이 얼마나 되는지를 정확하게 계산할 수 있어야 한다. 또한 나이나 소득금액 요건을 충족하지 못해 부양가족공제를 받지 못할 경우, 공제받을 수 있는 항목을 따로 챙겨야 한다.

03

자녀도 나이에 따라 공제항목이 다르다고?

김대리가 "과장님 이번 연말정산할 때 자녀공제는 못 받나요? 아이는 각각 5살, 3살이에요"하고 물었다. 박과장이 "그럼 자녀부양가족공제를 받을 수 있는데… 왜 못 받아?"하고 되물었다. 김대리는 "6세 이하 자녀는 공제를 못 받는다고 하던데요?"하고 답했다.
그러자 박과장이 미소를 지으며 말했다. "6세 이하 자녀는 아동수당을 매월 지급받기 때문에 자녀세액공제 받지 못하도록 세법을 개정했어. 자녀세액공제만 못 받을 뿐, 부양가족공제·의료비공제는 받을 수 있지"

₩ 자녀 연소득이 100만 원 이하라면?

자녀·손자녀 등 직계비속이 연소득 100만 원 이하, 만20세 이하면 1명당 150만 원의 부양가족공제를 받을 수 있다. 또한 자녀 등이 사용한 신용카드·현금영수증·대중교통비 등 사용액을 포함하여 공제받을 수 있고, 자녀 보험료·교육비·기부금·의료비도 가능하다.

만20세 초과, 연소득 100만 원 이하인 자녀는 부양가족공제 150만 원 및 자녀세액공제를 받을 수 없다. 하지만 교육비·신용카드·현금영수증 등 사용액과 의료비·기부금은 부모의 연말정산에 포함하여 공제받을 수 있다.

자녀세액공제는 만7세 이상~만20세 이하 자녀만 받을 수 있다. 해당 나이의 자녀가 2명 이하면 1명당 15만 원, 3명 이상이면 2명을 초과하는 1명당 30만 원을 공제받을 수 있다. 예를 들어, 4명이면 90만 원(=2×15만 원+2×30만 원)의 자녀세액공제를 받을 수 있다. 6세 이하 자녀나 손자녀는 자녀세액공제를 받을 수 없다.

○ 자녀의 공제 항목

나이	부양가족 공제	세액공제	기타공제
2019년 출생 · 입양	1명당 150만 원	[출생 · 입양세액공제] 첫째: 30만 원, 둘째: 50만 원, 셋째 이상: 70만 원	신용카드 · 보험료 · 교육비 · 기부금 · 의료비
만1세~만6세 이하 (2013.1.1.~2018.12.31 출생)		0원	
만7세 이상~만20세 이하 (1999.1.1.~2014.12.31. 출생)		[자녀세액공제] 2명 이하: 1명당 15만 원, 3명 이상: 2명 초과 1명당 30만 원	

₩ 맞벌이 부부 전략

자녀가 3명 이상인 맞벌이 부부는 자녀를 분리해서 공제받으면 불리하다. 분리해서 부양가족으로 연말정산한다면, 한 사람이 받을 때보다 공제액이 줄어들기 때문이다.

예를 들어, 자녀 3명을 모두 남편 쪽으로 신청했을 때 자녀세액공제액은 60만 원(=2×15만 원+30만 원)이다. 하지만 남편이 1명, 아내가 2명을 부양가족으로 신청한다면 남편의 자녀세액공제액은 15만 원, 아내의 자녀세액공제액은 30만 원(=2×15만 원)으로 총 45만 원의 자녀세액공제액을 받게 된다. 즉, 15만 원이 줄어든다.

₩ 출생과 입양 공제

출생·입양세액공제는 당해 연도 출생·입양했을 때 받을 수 있다. 이는 태어난(입양한) 자녀의 순서에 따라 금액이 다르다. 자녀가 첫째면 30만 원, 둘째면 50만 원, 셋째 이상이면 70만 원을 공제한다.

•TIP• 자녀 등 직계비속은 만20세 이하일 때 부양가족공제 150만 원과 신용카드 · 보험료 · 기부금 · 교육비 · 의료비 등의 공제를 받을 수 있다. 세액공제는 만20세 이하여도 나이에 따라 공제액이 다르다.

04

형제자매도 공제받을 수 있을까?

막내 사원이 박과장에게 "과장님 혹시 제 동생도 연말정산에 포함하면 공제받을 수 있나요?"하고 물었다. "나이·소득·부양요건만 갖추면 공제받을 수 있지"하고 과장이 답해주자 "정말이요? 소득은 없고 나이가 22세인데 가능한가요?"하고 사원이 다시 질문했다. 그러자 박과장이 "이걸 어쩌지? 20살 이하만 공제받을 수 있다네."하고 괜히 미안한 듯 말했다.

그 말은 들은 사원은 "미혼인 나는 공제받을 것 하나 없고 세금만 토해내야 하나?"하면서 힘없이 돌아섰다. 그 모습을 본 박과장이 "동생이 대학에 다니나? 대학 등록금은 교육비로 공제받을 수 있거든"하고 말했다. 그러자 사원은 "그래요?"하고 전화를 걸며 뛰어 나갔다. "이 보게! 잠깐만! 조건이 있어!"하고 박과장이 소리쳤지만 막내 사원은 이미 저만큼 가버렸다.

₩ 형제자매도 부양가족공제를 받을 수 있을까?

본인 또는 배우자의 형제자매도 1명당 150만 원의 부양가족공제를 받을 수 있다. 조건은 연소득 100만 원, 만20세 이하, 동일 주소 거주 3가지다. 또한 형제자매를 위해 지출한 보험료·교육비·기부금·의료비도 포함하여 공제받을 수 있다. 그러나 신용카드·현금영수증 사용액은 포함할 수 없다. 본인의 근무상 형편 또는 형제자매의 취학 등 사정으로 따로 살고 있어도 공제받을 수 있을까? 만약 직장인 본인이 부양하고 있다면 일시퇴거자동거가족상황표를 회사에 제출하면 된다.

○ 형제자매 부양가족공제 내용

나이	부양가족공제	기타 공제
만20세 이하 (1999.1.1. 이후 출생)	150만 원	보험료, 교육비, 기부금, 의료비 공제
만20세 초과 (1998.12.31. 이전 출생)	공제 불가	– 교육비와 기부금: 소득과 부양 모두 충족 – 의료비공제: 부양요건만 충족

₩ 대학교 등록금도 공제된다

만20세 초과, 연소득 100만 원 이하인 형제자매 교육비를 직장인 본인이 결제했을 때 공제 가능하다. 교육비납입증명서를 제출하면 된다. 또한 부양하고 있는 형제자매의 의료비를 직접 결제했다면 해당 의료비를 공제받을 수 있다. 기부금도 공제받을 수 있다.

•TIP• 형제자매는 만20세 이하면 부양가족공제 · 신용카드공제를 제외한 모든 공제를 받을 수 있다. 만20세가 넘는 형제자매를 부양하고 있다면 대학 등록금 등 교육비 · 의료비 · 기부금을 연말정산에 포함할 수 있는지 체크해야 한다.

05

여성이 받을 수 있는 공제가 따로 있다고?

구매부의 맞벌이 이과장과 홍대리가 부녀자공제로 옥신각신하고 있었다. 이과장이 "부녀자공제는 여성 직장인이면 누구나 다 받을 수 있어"하고 말하자. 홍대리는 "아니라니까요. 여성 직장인 중 미혼만 가능하다니까요. 과장님은 작년에 부녀자공제 받으셨어요?"하고 물었다. 이과장이 "난 못 받았어. 그런데 맞벌이라서 못 받는 게 아니고 급여가 많아서 못 받는다고 연말정산 담당자가 말해줬어"하고 말했다.

이때 마침 지나가던 박과장에게 이과장이 "박과장님, 부녀자공제는 여성 직장인이면 다 받을 수 있죠? 미혼 여성만 가능한 건 아니죠?"하고 물었다. 박과장은 "미혼 여성, 이혼 여성, 맞벌이 여성 모두 가능할 수 있어요. 단, 종합소득금액 3,000만 원 이하, 미혼·이혼 여성은 부양가족이 있는 세대주여야 해요"하고 명쾌하게 설명해주었다.

₩ 맞벌이 여성이 받을 수 있는 공제 조건은?

맞벌이 여성일 때, 총급여 4,147만 588원 이하면 부녀자공제 50만 원을 받을 수 있다. 이 총급여 요건 이외에 다른 요건(세대주·부양가족 등)은 필요하지 않다. 다만 다른 소득이 있으면 종합소득금액이 3,000만 원 이하여야 한다. 참고로 종합소득금액은 근로소득금액(=총급여-근로소득공제)과 다른 소득의 소득금액을 합한 금액이다.

₩ 싱글 · 이혼 여성이 받을 수 있는 공제

미혼·이혼 여성으로 부양가족 있는 세대주이면서 총급여 4,147만 588원 이하일 때 부녀자공제 50만 원을 받을 수 있다. 맞벌이 여성과 달리 배우자가 없는 미혼·이혼 여성은 2가지 요건을 추가로 충족해야 공제받을 수 있다.

하나는 세대주여야 한다. 또 다른 하나는 부양가족이 있어야 한다. 여기서 부양가족은 나이·소득금액·부양이라는 3가지 요건을 모두 충족해야 한다. ① 만60세 이상인 부모 등 또는 만20세 이하인 자녀·형제자매로 ② 연소득 100만 원 이하여야 하며, ③ 직장인 본인이 연말정산 때 부양가족공제 대상자로 올려야 한다. 맞벌이 여성과 마찬가지로 다른 소득이 있으면 종합소득금액이 3,000만 원 이하여야 한다.

○ 부녀자공제 여부 사례

Q

직장인 A와 B는 여성이다. A와 B의 가족현황이 다음과 같을 때 부녀자공제는?

- A의 가족
  - 아버지: 1954.8.3. 출생(A의 부양가족공제 대상자), 세대주
  - A의 총급여: 3,600만 원
- B의 가족
  - 남편: 소득 있음, 세대주
  - B의 총급여: 5,000만 원

A

구분	부녀자공제 여부	이유
A	공제불가	배우자 없는 여성근로자는 부양가족이 있는 세대주여야 하는데 아버지가 세대주로 요건 충족 안 됨
B	공제불가	총급여 4,147만 588원 초과로 공제대상 아님

06

싱글대디 · 싱글맘이라면 한부모공제를 놓치지 말자

이과장은 "박과장님 우리 부서에 이혼한 최대리가 있는데, 남자라서 부녀자공제도 못 받아요. 아이는 엄마가 키우는데 아직 소득이 없다고 하네요. 매달 양육비를 보내준다는데 최대리가 연말정산에서 받을 수 있는 게 있나요?"하고 조심스럽게 문의하였다.
박과장이 말했다. "최대리한테 아이를 부양가족으로 넣으라고 하세요. 그럼 부양가족공제와 더불어 자녀세액공제, 기타 의료비 등 공제도 받을 수 있어요. 또한 추가로 한부모공제 100만 원을 받을 수 있어요"

₩ 한부모공제 조건을 알아보자

배우자 없는 본인이 직계비속 또는 입양자를 부양가족으로 올리면 한부모공제를 받을 수 있다. 한부모공제는 2가지 요건을 충족해야 한다. 먼저 배우자가 없어야 하고, 직계비속 또는 입양자를 부양가족으로 올린 후 공제신청해야 한다. 직장인은 성별이 상관없으며, 세대주 여부도 상관없다. 직계비속에는 손자녀도 포함된다.

주의할 사항은 배우자가 과세기간(2019.1.1. ~ 2019.12.31.) 중 사망한 경우다. 사망 연도까지는 배우자가 있는 것으로 보기 때문에 한부모공제를 적용받을 수 없다.

싱글맘이 세대주로 총급여 4,147만 588원 이하일 때, 자녀를 부양가족으로 신청하면 한부모공제와 부녀자공제 요건을 동시에 충족하게 된다. 하지만 한부모공제·부녀자공제는 중복할 수 없다. 따라서 공제액이 더 큰 한부모공제를 선택하는 것이 좋다.

•TIP• 싱글맘 · 싱글대디 또는 손자녀를 홀로 키우는 조부모 등은 연 100만 원의 한부모공제를 받을 수 있다. 배우자 없는 여성은 부녀자공제도 해당될 수 있지만, 현실적으로 부녀자공제는 포기하고 한부모공제를 선택하는 것이 좋다.

07

연말정산 세금 추징 1위! 소득 100만 원 넘는 가족을 주의하라고?

마케팅 이대리가 박과장을 찾아왔다. "과장님 저 작년에 부양가족으로 아버지를 올렸다가 아버지 소득이 100만 원을 넘어서 오히려 세금을 토해냈어요. 소득 100만 원이 넘는지 어떻게 알아요?" 그러자 박과장이 "정확한 표현은 연소득금액 100만 원이 넘는가 여부인데… 이대리가 말했듯이 확인·판단이 쉽지 않아. 소득에 따라 100만 원의 판단기준이 다르기 때문이지. 그래서 연말정산 세금 추징 1순위가 바로 소득금액 100만 원이 넘는 가족의 공제야"하고 말했다.

₩ 부양가족 연소득금액 파악하기

부양가족 연소득금액이 100만 원인지 아닌지의 판단은 어떻게 할까? 일단 〈소득종류와 금액〉에 있는 7가지의 소득 중 2가지 이상이 해당되는지를 본다. 그리고 각각의 소득금액을 계산한 후 합산했을 때 100만 원이 넘는지 판단한다. 100만 원이 넘는 가족은 연말정산에 포함하지 말아야 한다.

소득이 1가지 있을 때와 2가지 이상 있을 경우 계산방식은 다를 수 있다. 각 소득금액 계산에 대한 자세한 내용은 79~95쪽을 참고하라.

○ 소득종류와 금액

소득종류	소득종류별 소득금액 계산
① 근로소득	총급여 – 근로소득공제액
② 사업소득	총수입금액 – 필요경비
③ 이자소득과 배당소득	총수입금액(이자와 배당소득 합계액)
④ 연금소득	총연금액 – 연금소득공제액
⑤ 기타소득	총수입금액 – 필요경비
⑥ 퇴직소득	퇴직소득
⑦ 양도소득	양도가액 - 취득가격 - 필요경비 – 장기보유특별공제액
총 소득금액	①~⑦까지 소득금액의 합계액

소득금액 계산 시 비과세소득과 분리과세소득(일용근로자의 소득 등)은 제외하고 계산해야 한다. 이자, 배당 등의 금융소득이 2,000만 원 이하인 경우에는 분리과세대상으로 소득금액에 합산하지 않는다. 따라서 다른 소득이 없다면 소득금액은 0원이며, 해당 가족은 부양가족공제를 받을 수 있다. 이자, 배당 등 금융소득이 2,000만 원을 초과하여 금융소득종합과세대상자인 부양가족은 공제받을 수 없다.

₩ 연소득 100만 원 넘는 가족을 실수로 포함시켰다면?

소득이 없거나 100만 원이 안 되는 줄 알고 가족을 부양가족에 포함시킬 수도 있다. 하지만 당황하지 않아도 된다. 연말정산이 끝난 후, 5월 1일~5월 31일까지의 종합소득세 확정신고 기간에 해당 가족을 부양가족에서 제외하면 된다.

•TIP• 5월 수정신고할 때 부양가족공제와 더불어 해당 가족의 의료비 · 신용카드 등을 모두 제외한 후 세금(결정세액)을 계산해야 한다. 당초 부양가족을 포함했을 때의 결정세액과 차액을 추가 납부해야 한다. 또한 10%를 추가하여 지방소득세로 내야 한다.

08

알바 · 계약직 가족을 부양가족으로 올렸다가 오히려 추징당했다고?

구매부의 최부장이 박과장과 연말정산 이야기를 하다가 "몇 년 전 알바하던 장인어른을 부양가족으로 넣었던 적이 있지. 근데 장인어른은 근로자이기 때문에 공제대상자가 아니라고 해서 100만 원이 넘는 세금을 토해냈어. 그래서 작년부터 소일거리로 알바하는 아버지는 부양가족으로 넣지 않고 있지"라고 말했다. 그러자 박과장은 "아버님은 알바 외에 다른 소득이 없으신가요?"하고 물었다. 최부장은 "응. 다른 소득은 없으시지"라고 대답했다.

박과장은 미소를 지으며 말했다. "급여는 얼마나 되시나요? 아버님께서 알바하시는 회사에 원천징수영수증을 떼어달라고 하세요. 아니면 혹시 일용직인지 물어보세요. 알바는 일용직 근로자일 수 있어요. 일용직 근로자는 소득금액을 0원으로 봐서 부양가족에 포함할 수 있거든요. 또한 근로자라고 하더라도 1년간 총급여가 500만 원 이하면 공제받을 수 있고요."

₩ 알바하는 가족의 소득을 따져봐라

알바·계약직으로 근무하고 있는 가족이 일용직인지 아닌지 여부를 먼저 확인해야 한다. 해당 회사에서는 알바·계약직 근로자를 일용직·근로소득·사업소득·기타소득으로 처리하는 경우가 있다. 일용직의 급여는 모두 분리과세대상으로 소득금액을 계산할 때 제외한다. 따라서 일용근로소득만 있다면 해당 가족은 부양가족으로 포함할 수 있다.

•TIP• 일용직이라 할지라도 동일한 고용주에게 3개월 이상 근로를 제공하면 일반급여자로 본다. 따라서 해당 급여를 근로소득으로 보며, 소득세를 원천징수한다. 동일 직장에서 3개월 이상 알바 등으로 근무했다면 근로소득 있는 가족의 연소득금액으로 판단하자.

₩ 근로소득 있는 가족으로 판단되었다면?

만약 일용직이 아니라 연말정산하는 근로소득자라면, 근로소득만 있는지 근로소득 외 다른 소득이 있는지를 먼저 본다. 이후 연소득 100만 원이 넘는지 판단해야 한다.

부양가족이 근로소득만 있다면 총급여 500만 원 이하여야 부양가족공제를 받을 수 있다. 만약 다른 소득도 있다면, 총급여에서 근로소득공제액을 차감한 금액을 다른 소득금액과 합산하여 판단하자. 이는 100만 원 미만이어야 한다. 즉, 총급여에서 근로소득공제액 차감한 금액을 다른 소득금액과 합산한 금액이 100만 원을 초과하면 부양가족공제를 받을 수 없다.

○ 소득금액 판단과 계산

	소득금액 판단과 계산
근로소득만 있는 경우	총급여 500만 원 초과: 연소득금액 100만 원 초과
근로소득+다른 소득	(총급여 - 근로소득공제액) + 다른 소득금액

예를 들어, 부양가족의 총급여가 333만 3,333원일 때 근로소득공제액은 233만 3,333원이므로, 근로소득금액은 100만 원이 된다. 만약 총급여 333만 3,333원인 상태에서 사업소득·기타 소득 등 소득금액이 1원이라도 있다면 연소득금액 100만 원을 초과하기 때문에 부양가족공제를 받을 수 없다.

총급여 계산 시 일용직급여·실업급여·비과세소득은 제외한다. 일용직 소득만 있는 가족은 급여가 얼마든 상관없이 소득금액이 0원이다. 따라서 부양가족으로 공제받을 수 있다. 비과세되는 실업급여·식사대 등은 총급여에 포함하지 않는다.

퇴직한 가족의 비과세소득을 제외한 퇴직금이 100만 원을 넘는다면, 해당 퇴직 연도에는 소득금액 100만 원이 넘는 것으로 본다. 따라서 해당 연도에는 부양가족으로 포함하면 안 된다.

09

매월 연금 받는 부모님을 부양가족으로 넣을 수 있다고?

김대리가 박과장을 찾아와 물었다. "과장님, 아버지께서 매월 공무원 연금을 200만 원 정도 받는데 아버지에 대한 공제를 받을 수 있을까요? 연소득 100만 원이 넘어서 공제대상이 될 수 없지요?"그러자 박과장이 "국민연금 같은 공적연금이라도 과세되는 연금과 비과세되는 연금이 있어. 아버님께서 수령하는 연금 중 과세되는 연금이 약 516만 원 이하라면 부양가족으로 포함할 수 있어"하고 답했다.

김대리가 "과세대상 연금이요? 매월 받는 연금 200만 원이 모두 과세대상이 아니란 말인가요?"하고 되물었다. 박과장이 다음과 같이 이야기해주었다. "응. 해당 연금관리공단에 문의해서 과세대상연금이 얼마인지 확인해봐. 과세되는 연금이 516만 원 이하라 할지라도 자네가 아버님을 부양해야 부양가족공제가 가능한 거 잊지 말도록!"

₩ 과세대상 연금을 확인하자

공무원연금, 국민연금 등 공적연금을 받는 가족이 있다면, 해당 연금관리공단에 과세대상 연금이 얼마인지 확인해야 한다. 연금저축 같은 사적연금을 수령하는 가족이 있다면, 연금 수령액이 연 1,200만 원을 초과하는지 확인하자.

공적연금 중 2001년 12월 31일 이전에 낸 금액은 비과세되지만 2002년 1월 1일 이후 낸 연금액은 과세된다. 연소득금액 계산 시 비과세연금은 제외된다.

○ 공적연금 구분과 과세 방법

구분		과세 방법	
공적연금	국민연금, 공무원연금, 군인연금, 사립학교교직원연금, 별정우체국연금	2001.12.31. 이전 불입분	비과세
		2002.1.1. 이후 불입분	과세

₩ 공적연금과 사적연금

국민연금·공무원연금·군인연금·사학연금 등 공적연금만 받는다고 해보자. 수령액 중 과세대상연금액이 연 516만 6,666원을 초과하면, 연소득금액도 100만 원이 넘어가게 된다. 이 경우에는 부양가족으로 공제받으면 안 된다.

공적연금과 다른 소득이 함께 있다고 해보자. 연금소득공제액을 뺀 금액에 다른 소득을 합한 금액이 100만 원을 넘을 때, 부양가족으로 올려서는 안 된다.

세액공제 받은 연금저축의 연금이 연 1,200만 원 이하면 과세대상연금액(공적연금)에 합산하지 않고 연금액에 대해 3.3%~5.5%로 분리과세할 수 있다. 사적연금이 연 1,200만 원 이하고 분리과세를 선택했다면 소득금액은 0원이 되며, 해당 가족을 부양가족으로 포함하여 공제받을 수 있다. 그러나 사적연금 수령액이 연 1,200만 원을 초과하면 다른 과세대상 연금과 합산하여 연금소득으로 과세한다.

○ 소득금액 계산하기

	소득금액 판단과 계산
공적연금만 있는 경우	과세대상 연금액이 연 516만 6,666원을 초과하면, 연소득금액 100만 원 초과하게 됨
사적연금을 수령하는 경우	사적연금수령액이 연 1,200만 원 초과하면, 연소득금액 100만 원 초과하게 됨
공적연금+다른 소득	(총연금액 - 연금소득공제액) + 다른 소득금액

○ 사적연금 구분과 과세 방법

구분		과세 방법	
사적연금	과세이연된 퇴직소득, 세액공제를 받은 연금저축의 연금액	1,200만 원 이하	분리과세
		1,200만 원 초과	합산과세

₩ 사적연금과 공적연금이 모두 있는 경우

사적연금 1,200만 원 이하로 분리과세를 신청하고, 과세대상 공적연금이 516만 6,666원 이하라면? 연소득금액이 100만 원 이하가 되므로 부양가족공제 대상자가 될 수 있다. 그러나 사적연금이 1,200

만 원을 초과하거나, 과세대상 공적연금이 516만 6,666원을 초과하면 연소득 100만 원을 초과하므로 부양가족공제는 적용받을 수 없다.

•TIP• 공적연금 수령액 중 비과세대상과 과세대상이 혼재된 경우가 많다. 이때 해당 연금의 관리공단(국민연금관리공단, 공무원연금관리공단 등)에 과세대상 연금액이 얼마인지 문의하면 쉽게 확인할 수 있다.

10

사업소득이 적은 부모를 부양가족으로 올리고 싶다면?

기획팀의 조대리가 박과장에게 물어보았다. "박과장님, 아버지께서 구멍가게를 하고 계신데 이번 연말정산에서 부양가족으로 포함할 수 있을까요?" 박과장은 "사업자는 사업소득금액 100만 원이 넘으면 부양가족으로 포함할 수 없어. 소득금액은 매출에서 비용을 차감한 이익이라고 생각하면 되지. 아버님 소득이 대략 얼마나 되는지 아나?"하고 물었다. 조대리는 "아무리 구멍가게라도 이익 100만 원은 넘겠죠!"하고 답했다.

그러자 박과장은 이렇게 답했다. "사업자는 실제 이익을 신고할 수도 있지만 정부에서 정한 방법으로 신고할 수도 있어. 실제 이익 100만 원이 넘어도 정부에서 정한 방법으로 했을 때 100만 원이 안 되는 경우도 많아. 사업자는 2019년 소득을 2020년 5월에 확정신고하기 때문에 그때 되어서 알 수 있지. 연말정산 시기에는 확실히 알 수가 없어"

₩ 사업소득을 계산할 때 제외 항목이 있다

논·밭 등에서의 작물 소득, 농가부업규모의 축산에서의 소득(축산 외 3,000만 원 이하), 수도권 외 지역 전통주의 제조에서의 소득(1,200만 원 이하), 작물재배업의 과세기간 수입(10억 원 이하) 등은 비과세 사업소득이다. 이러한 비과세 사업소득을 영위하는 가족은 소득금액 0원으로, 나이·부양요건을 갖추었다면 부양가족에 포함할 수 있다.

사업소득을 계산할 때 연 2,000만 원 이하의 주택 임대수입과 기준시가 9억 원 이하 1채를 소유한 1주택자의 임대소득은 제외한다. 주택 임대수입이 개인별 연 2,000만 원 이하면 다른 소득과 합산하지 않고, 분리과세를 선택할 수 있다(15.4% 세율 적용). 분리과세를 선택하면 해당 임대소득은 사업소득으로 잡히지 않는다. 그렇게 되면 소득금액은 0원으로, 해당 가족이 나이·부양요건을 충족하면 부양가족에 포함할 수 있다.

기준시가(공시가격) 9억 원 이하인 주택 1채만 소유하고 있고, 그 주택을 임대할 경우 임대소득은 전액 비과세를 적용받는다. 이렇게 비과세 주택임대소득만 있는 가족은 부양가족으로 포함할 수 있다.

₩ 신고방법에 따라 소득이 달라진다

사업자의 사업소득은 실제 이익 100만 원이 넘는다 해도 신고방법에 따라 소득금액이 달라질 수 있다. 전년도 매출(총수입금액) 2,400만 원 미만인 소규모 사업자의 경우, 실제 비용을 적용할 수도 있지만 〈신고방법 및 소득금액〉과 같이 정부에서 정한 단순경비율로 신고할 수도 있다. 사업소득은 어느 방법으로 신고하는가에 따라 차이가 있으므로, 실제 신고한 내역을 확인해야 한다.

○ 신고방법 및 소득금액

신고방법	소득금액
실제 비용으로 신고	총수입금액 – 실제 필요경비
단순경비율로 신고	총수입금액 – 총수입금액 × 단순경비율

예를 들어, 구멍가게를 운영하는 부모의 연매출이 1,000만 원, 실제 필요 비용이 800만 원이라고 하자. 실제 비용으로 신고하면 사업소득금액은 200만 원이 된다. 이 경우 부모는 소득금액 100만 원을 초과하여 부양가족으로 포함할 수 없다. 그러나 단순경비율 92.7%(2018년도 귀속 단순경비율)로 신고하면 비용은 927만 원, 사업소득금액은 73만 원이 된다. 이때 소득금액은 100만 원 이하이므로, 부모를 부양가족으로 포함할 수 있게 된다.

사업자의 2019년 소득금액은 2020년 5월에 종합소득세 확정신고를 하면서 알 수 있게 된다. 따라서 2020년 2월 연말정산 시점에는 확인할 수 없다. 만약 배우자와 부양가족이 사업자라면 전년도(2018년) 소득금액증명원을 홈택스에서 확인한 후, 해당 소득금액을 기준으로 부양가족공제 여부를 판단할 수밖에 없다. 추후 2020년 5월 확정신고할 때 연소득이 100만 원을 초과한다는 것을 알았다면, 즉시 수정신고하면 된다.

•TIP• 수정신고할 때 소득금액 100만 원이 넘는 가족의 부양가족공제와 더불어 해당 가족 의료비와 신용카드 등을 모두 제외한 후 세금(결정세액)을 계산하고 당초(부양가족을 포함했을 때)의 결정세액과 차액을 추가 납부해야 한다. (10%를 추가로 지방소득세로 내야 한다.)

11

경품 · 원고료 · 강의료 등 일시적으로 발생한 소득도 문제가 될까?

김대리가 "과장님! 제 와이프가 300만 원짜리 경품에 당첨되었는데, 배우자공제를 받으면 안 되나요?"하고 박과장에게 질문했다. 박과장이 "경품이 300만 원인가? 그 외 다른 경품이나 원고료 같은 소득은 없지?"하고 물었다. 김대리는 "네. 로또 5만 원짜리 당첨된 것 말고는 없습니다"하고 답했다. 박과장은 "로또 당첨금은 소득금액으로 잡히지 않으니까 상관없고, 경품은 기타소득으로 당첨금 전액이 소득금액이야"하고 말하자 김대리는 "그럼 와이프로 배우자공제를 받으면 안 되겠네요?"하고 물었다.

그러자 박과장이 설명했다. "경품 등 기타소득금액이 300만 원 이하면 배우자공제를 받을 수 있어. 단, 경품으로 낸 세금이 있는데 배우자공제를 받지 않으면 그 세금 중 일부를 돌려받을 수 있지. 그 세금과 배우자공제의 절세효과를 비교해서 선택해야 하는 게 좋다네"

₩ 경품 소득 있는 가족도 공제받을 수 있을까?

경품 등 기타소득금액이 300만 원을 초과한다면, 부양가족공제는 받을 수 없다. 경품·상금, 고용관계 없는 자의 인적용역(강의료, 원고료 등)의 대가는 일시적으로 발생하는 소득이다. 이는 기타소득으로 소득세를 내야 한다.

기타소득금액이 300만 원을 초과하는 가족은 연소득 100만 원을 초과하는 것과 같다. 따라서 부양가족공제를 받으면 안 된다. 참고로 경품은 필요경비가 인정되지 않아 당첨금액을 전부 소득금액으로 본다. 따라서 당첨금액이 300만 원을 넘어가는 사람은 부양가족공제 받을 수 없다. 원고·강의료 등은 필요경비로 60%가 인정된다. 만약 원고·강의료가 750만 원을 넘으면, 소득금액도 300만 원(=750만 원 - 750만 원×60%)을 초과한다.

₩ 만약 기타소득금액이 300만 원 이하면?

기타소득금액이 300만 원 이하라면 부양가족공제와 기타소득에 대한 소득세를 비교하자. 그다음 분리과세 혹은 종합과세를 선택하면 된다.

예를 들어, 경품 300만 원에 당첨되면 소득의 22%인 66만 원을 내야 한다(지방소득세 포함). 만약 분리과세를 선택하면 세금 66만 원을 모두 내고, 부양가족공제와 기타공제를 받을 수 있다. 그러나 종합과세를 선택하면 다른 소득과 기타소득 300만 원을 합산하여 소득세를 계산한다. 여기서 다른 소득이 없다면 66만 원의 세금 중 최소 56만

1,000원 이상을 돌려받을 수 있다.

따라서 기타소득 300만 원 이하일 때는 분리과세 절세액과 종합과세 절세액을 비교한 후 유리한 방법을 선택하자.

•TIP• 기타소득금액 300만 원이 넘는 가족은 부양가족공제를 받을 수 없다. 300만 원 이하면 해당 가족이 부양가족공제를 받지 않았을 때 기타소득에 대해 돌려받을 세금과 가족을 부양가족으로 포함했을 때 절세금을 비교해야 한다.

12

부동산 · 분양권 · 주식을 매도한 가족은 부양가족에 포함하지 말자

"분양권을 매도할 때 세금내지 않아도 소득금액이 100만 원 넘을 수 있죠?"하고 김대리가 질문하자 박과장은 "맞아. 분양권이나 부동산 매도 후 양도세를 내지 않아도 소득금액은 100만 원이 넘을 수 있지. 그런 경우 해당 가족을 부양가족으로 포함하면 안 되지"하고 설명해주었다.

이과장도 "박과장님, 친정 엄마가 이번에 주택을 매도했는데 부양가족에 포함하면 안 되나요? 세금은 안 내셨다고 하던데요"하고 물었다. 그러자 박과장은 "주택은 양도세 비과세가 있어요. 매도가격이 9억 원 이하로 양도세 비과세에 해당하면 소득금액은 0원입니다. 그런 경우에는 어머님을 부양가족으로 포함해도 돼요. 그러니 매도가격 9억 원 이하, 비과세인지 확인해보세요"하고 친절하게 답변해주었다.

₩ 주택, 주식 등 공제 조건은?

주택이나 재개발·재건축조합원입주권을 9억 원 이하로 매도했거나, 주식을 매도하고 양도세 비과세 받은 가족은 부양가족에 포함하여 공제받을 수 있다.

1세대 1주택 소유자의 주택, 일시적 2주택 소유자의 주택, 비과세요건을 갖춘 재개발·재건축조합원입주권을 매도하면 양도세 비과세를 받을 수 있다. 또한 소액주주라면 거래소나 코스닥 주식을 매도할 때 양도세 비과세를 받을 수 있다. 양도세를 비과세 받는 경우, 비과세 부분은 소득금액으로 잡히지 않는다.

따라서 양도소득금액은 0원이 되며, 해당 가족은 부양가족으로 포함할 수 있다. 매도가격 9억 원이 넘는 주택·입주권은 9억 원 이하 부분에 대해서 비과세를 받는다. 하지만 9억 원이 넘는다면 그 부분에 대한 양도차익을 별도로 계산하여 양도세를 낸다. 따라서 매도가격 9억 원이 넘는 주택·입주권은 반드시 양도소득금액을 확인해야 한다.

₩ 소득금액 100만 원을 주의하라

가족이 주택·상가·토지 등의 부동산 혹은 분양권·입주권 등을 매도했다면 양도소득금액 100만 원이 넘는지 확인하자. 특히 양도세를 내지 않았다고 하더라도 소득금액 100만 원이 넘을 수 있으므로 주의하자. 그 이유는 양도세 과세표준은 양도소득에서 기본공제 250만 원을 차감하기 때문이다.

예를 들어, 양도소득금액(=매도가격 − 취득가격 − 필요경비 − 장기보유특별공제)이 250만 원이면 양도세 과세표준은 0원(=250만 원 - 250만 원)으로 양도세를 내지 않는다. 여기서 양도세는 내지 않지만 양도소득금액은 250만 원으로 100만 원이 넘어간다. 이 경우 해당 가족을 부양가족으로 포함하면 나중에 과다공제로 추징당하게 된다.

따라서 부양가족으로 포함하려고 하는 가족이 부동산·분양권 등을 매도했다면 양도세를 냈는지 확인하자. 그리고 양도세를 냈다면 소득 100만 원이 넘게 되므로 매도한 연도에는 부양가족에 포함하지 말아야 한다. 양도세를 내지 않았다면 양도세 신고서를 확인하자. 양도세 신고서상의 양도소득금액이 100만 원 이하면 부양가족으로 포함해도 된다.

•TIP• 주택 · 입주권을 9억 원 이하로 매도하고 양도세 비과세를 받았거나 거래소 · 코스닥 주식을 매도한 소액주주는 부양가족에 포함해도 된다. 이외의 경우, 양도세를 내지 않았다고 하더라도 양도소득금액 100만 원이 넘는지 확인한 후 부양가족에 포함할지를 결정해야 한다.

13번째 월급을 찾아라

장애인공제 200만 원은 누가 받을까?

마케팅부 이대리가 조심스럽게 이야기를 꺼냈다. "장모님께서 3년 전부터 장애인으로 등록되어 있는데 연말정산에서 혜택을 받을 수 있을까요?" 박과장이 "장모님 연세가 어떻게 되시지?"하고 묻자 이대리는 "올해 만55세입니다"하고 답했다. 박과장이 "장인어른 소득은?"하자 "장인어른은 60세가 넘으셔서 제가 부양가족으로 연말정산을 받아왔습니다"하고 답했다. 그러자 박과장은 "그래? 그럼 장모님에 대해서 부양가족공제 150만 원, 장애인공제 200만 원, 의료비·신용카드·기부금 등 각종 공제를 모두 신청할 수 있어"하고 자세하게 설명해주었다.

① 장애인공제 받을 수 있는 장애인이란?

장애인은 「장애인복지법」에 의한 장애인, 「장애아동 복지지원법」에 따라 발달재활서비스를 지원받고 있는 장애아동, 「국가유공자 등 예우 및 지원에 관한 법률」에 따른 상이자 및 이와 유사한 자로서 근로능력이 없는 자, 항시 치료를 요하는 중증환자로 장애인증명서를 발급받은 자다.

「국가유공자 등 예우 및 지원에 관한 법률」의 상이자는 전상군경·공상군경·4.19혁명부상자·공상공무원·특별공로상이자·고엽제후유증환자 등 1급 내지 7급 상이를 입은 자를 말한다. 이와 유사한 자로서 근로능력 없는 자란 「국가유공자 등 예우 및 지원에 관한 법률시행령」에 규정된 상이등급구분표와 같은 정도의 신체장애가 있는 자를 말한다.

② 부양가족공제 대상자가 장애인에 해당한다면?

배우자, 만60세 이상의 직계존속, 만20세 이하의 직계비속, 형제자매로 직장인 본인의 부양가족공제를 받는 자가 장애인이면 장애인공제 200만 원을 추가로 받을 수 있다.

③ 요건을 충족하지 못한 가족이 장애인일 때

만60세 미만 직계존속, 만20세 초과 직계비속, 형제자매와 같이 나이 요건을 충족하지 못해 부양가족공제 등을 받지 못하는 가족도 장애인공제가 될까? 소득금액이 100만 원 이하고 직장인이 부양하고 있다면 가능하다. 부양가족공제 150만 원, 장애인공제 200만 원, 의료비·기부금 등 각종 공제를 적용받을 수 있다.

④ 근로자 본인도 세법상 장애인이라면 공제받을 수 있다

근로소득자인 거주자 본인이 '항시 치료를 요하는 중증환자'에 해당

되어 장애인증명서를 제출하는 경우 장애인공제를 적용받을 수 있다(서면 1팀-330, 2008.03.13.).

⑤ 「장애인복지법」상의 장애인공제는 언제부터?

「장애인복지법」상 장애인은 장애인등록증 발급일이 아닌 장애인등록증(복지카드·장애인수첩)에 기재된 '장애인 등록일'이 속하는 연도부터 적용된다. 예를 들어, 장애인등록증 등록일자가 2019년 6월 5일이라면, 2019년부터 장애인공제를 받을 수 있다.

•TIP• 장애인증명서 · 장애인등록증(복지카드 · 장애인수첩), 국가유공자증 · 국가유공자확인원 · 장애인증명서 등 서류를 회사에 제출해야 한다. '항시 치료를 요하는 중증환자'는 의료기관(병원 등)에서 장애인증명서를 발급받아 제출하면 된다. 서류를 이미 제출했다면 장애기간동안은 다시 제출하지 않아도 된다. 단, 장애기간이 지났거나 회사가 변경된 경우, 필수서류를 다시 제출해야 한다(전 직장에 제출한 서류를 반환받아 제출해도 무방).

⑥ 중증환자로 치료받는 가족도 공제받을 수 있다

암 환자의 경우 중증환자등록을 할 수 있다. 하지만 중증환자등록만으로는 세법상 장애인에 해당하지 않는다. 반드시 해당 의료기관(병원 등)에서 장애인증명서를 발급받아야 한다.

암, 희귀질환, 교통사고 등 중증환자로 치료받는 가족이 세법상 장애인에 해당하려면 어떤 요건을 충족해야 하는지 잘 살펴봐야 한다.

의료기관에서 장애인증명서를 발급받을 때에는 담당의사나 진단 가능한 의사에게 방문해야 한다. 발행자란에는 의료기관명, 직인, 의사 서명·날인이 있어야 한다.

「소득세법」에서는 '항시 치료를 요하는 중증환자의 범위'를 '지병에 의해 평상시 치료를 요하고 취학·취업이 곤란한 상태에 있는 자'로 규정한다. 장애인증명서를 발급받지 못하는 경우에는 장애인공제를 받을 수 없다(서면인터넷방문상담1팀-336, 2008.03.14.). 세법상 장애인여부는 질병에 따라 결정되는 것이 아니다. 환자 개개인 상태를 보고 의사가 최종 판단하여 결정한다.

⑦ 장애예상기간이 속하는 연도에만 공제받을 수 있다

장애인증명서에는 '장애예상기간'이 있다. 담당의사가 장애의 시작일과 종료일을 기재하는 부분이다. 이 장애예상기간에만 장애인공제를 받을 수 있다. 장애예상기간은 영구·비영구로 구분되는데, 영구는 시작일만 표시되고, 비영구는 시작일과 종료일이 표시된다.

예를 들어, 만64세인 아버지(연소득금액 0원)가 2017년 5월 폐암 진단으로 장애인증명서를 발급받았다고 하자. 장애예상기간이 2017년 5월 15일~2022년 5월 14일이라면 아버지의 장애인공제는 2017년~2022년까지 받을 수 있다.

우리 가족은 자녀장려금을 받을 수 있을까?

박과장과 김대리가 이야기를 나누고 있다. "과장님, 저번에 자녀장려금 신청 안내를 받았는데 자녀세액공제와 중복해서 받으면 안 된다고 해서 신청하지 않았습니다"라고 김대리가 말하자 박과장이

"자녀세액공제액과 자녀장려금을 비교해봤어?"하고 물었다. 김대리는 "아뇨. 자녀세액공제가 더 많은 거 아닌가요? 그리고 자녀장려금을 신청하면 자녀와 관련한 다른 공제를 받지 못하는 거 아닌가요?"하고 물었다. 박과장은 "자녀장려금이 자녀세액공제액보다 많다네. 그리고 자녀장려금을 신청하면 자녀세액공제액만 못 받지, 다른 자녀공제는 받을 수 있어"하고 자세히 안내해줬다.

① 자녀장려금의 조건을 알아보자

자녀장려금의 조건은 다음과 같다. 첫째, 부부합산 소득이 4,000만 원 미만이어야 한다. 근로자는 비과세를 제외한 총급여액, 사업자는 총수입금액에 업종별 조정률을 곱한 금액으로 계산한다. 둘째, 연소득 100만 원 이하이면서 만18세 미만인 부양자녀가 있어야 한다. 셋째, 가구원 소유재산의 합계액(부채는 차감하지 않음)이 2억 원 미만이어야 한다.

〈자녀장려금 계산법 예시〉 같이 총소득(총급여액 등)과 홑벌이, 맞벌이 여부에 맞춰 계산해야 한다. 부양자녀 한 명당 최소 50만 원 이상을 받을 수 있다. 다만, 가구원의 재산합계액이 1억 4,000만 원~2억 원일 경우 〈자녀장려금 계산법 예시〉에서 계산한 자녀장려금 중 50%를 차감한다.

자녀장려금 계산법 예시

가구원구성	총소득	자녀장려금
홑벌이	2,100만 원 미만	부양자녀수 x 70만 원
	2,100만 원 이상	부양자녀수 × [70만 원 – (총급여액 등 – 2,100만 원) × $\frac{20}{1,900}$]
맞벌이	2,500만 원 미만	부양자녀수 x 70만 원
	2,500만 원 이상	부양자녀수 × [70만 원 – (총급여액 등 – 2,500만 원) × $\frac{20}{1,500}$]

② 자녀장려금은 신청 방법은?

자녀장려금 조건에 해당하면 국세청에서 신청 안내문을 발송한다. 5월 1일~5월 31일 기간 중 홈택스에서 신청하면 9월경 지급받는다. 만약 5월에 신청하지 못했다면 6월 1일~12월 2일 사이에 신청하면 된다. 다만, 이 경우 금액의 90%만 지급받게 된다.

자녀세액공제를 신청하고 자녀장려금도 중복하여 신청한 경우에는 자녀장려금 중 자녀세액공제액을 차감하고 지급한다.

맞벌이 직장인, 부양가족 배분만 잘해도 환급액 100만 원이 넘는다

맞벌이 이과장이 박과장에게 "과장님, 남편 연봉보다 제 연봉이 더 높은데 부양가족을 모두 제 쪽으로 올리면 되나요?"하고 질문했다. 박과장은 "그렇지는 않아요. 연봉보다는 과세표준과 결정세액을 먼저 살펴봐야 해요"하고 답했다. 이과장이 "처음 듣는 얘기예요"하면서 의외라는 표정을 지었다. 박과장은 "그러실 거예요. 연봉 많은 사람에게 부양가족을 몰아야 한다고 잘못 알고 있는 사람들이 많으니까요. 예를 들어 의료비는 연봉의 3%를 초과하는 금액에 대해 15% 세액공제 받을 수 있잖아요? 의료비가 많은 부모님의 경우 연봉이 높은 사람에게 올리는 것보다는 연봉 낮은 사람에게 올리는 것이 의료비 세액공제액이 더 크겠지요? 의료비 말고도 신용카드 공제도 마찬가지고요. 부부 두 사람의 결정세액이 같도록 부양가족을 배분하는 게 맞벌이 부부의 핵심이에요"하고 조언해주었다.

① 결정세액이 같도록 부양가족을 설정해야 한다.

세금을 최소화하려면 과세표준이 아닌 부부간 결정세액이 비슷하도록 부양가족을 배분해야 한다. 과세표준을 계산한 후, 부양가족을 남편과 아내에게 배분한다. 이때 과세표준만 동일하게 맞추어서는 안 된다. 교육비·의료비·기부금 등 세액공제액이 부양가족별로 다르기 때문이다.

○ 부양가족 현황 예시

아버지: 73세 장애인, 어머니: 70세
장남: 13세로 교육비 200만 원, 장녀: 15세로 교육비 200만 원

예를 들어, 〈부양가족 현황 예시〉에서 총급여가 남편은 5,000만 원, 아내는 4,000만 원이라고 해보자. 부양가족 4명을 제외한 과세표준이 남편은 1,950만 원, 아내는 2,350만 원이고, 남편은 연금저축 300만

원과 보험료 100만 원을, 아내는 보험료 100만 원을 불입하고 있다고 하자.

부양가족 배분 예시

	과세표준을 동일하게 배분		과표와 결정세액을 동일하게 배분	
	남편	아내	남편	아내
총급여	5,000만 원	4,000만 원	5,000만 원	4,000만 원
공제액	3,050만 원	1,650만 원	3,050만 원	1,650만 원
과세표준	1,950만 원	2,350만 원	1,950만 원	2,350만 원
장남	150만 원			150만 원
장녀	150만 원			150만 원
아버지		450만 원	450만 원	
어머니		250만 원		250만 원
과세표준	1,650만 원	1,650만 원	1,500만 원	1,800만 원
산출세액	139만 5,000원	139만 5,000원	117만 원	162만 원
근로소득 세액공제	66만 원	68만 4,000원	64만 3,500원	68만 4,000원
자녀 세액공제	30만 원	0		30만 원
보험료 세액공제	12만 원	12만 원	12만 원	12만 원
교육비 세액공제	31만 5,000원	0		51만 6,000원
연금저축공제	0	0	40만 6,500원	0
결정세액	0원	59만 1,000원	0원	0원

과세표준을 같게 하여 배분하면 세금은 어떻게 될까? 〈부양가족 배분 예시〉를 보자. 장남과 장녀는 남편이, 아버지와 어머니는 아내가 공제받으면 1,650만 원으로 부부가 동일하다. 그런데 결정세액이 남편은 0원이지만 아내는 59만 1,000원으로 지방소득세까지 포함하면 65만 100원의 세금을 내게 된다. 남편의 경우 연금저축에 대한 세액공제 49만 5,000원을 못 받는다. 자녀 교육비 세액공제액 66만 원 중 교육비 세액공제 31만 5,000원만 받고 나머지는 모두 사라져 버린다.

만약 아버지를 남편이, 나머지 3명(어머니, 장남, 장녀)을 아내가 공제받으면 남편 과세표준은 1,500만 원이 된다. 그러면 자녀 2명을 공제받을 때보다 150만 원 더 낮아지고, 연금저축 세액공제도 40만 6,500원을 받게 된다. 따라서 자녀 2명을 배분했을 때의 결정세액과 동일하게 0원이다. 아내의 경우 아버지·어머니를 부양가족으로 했을 때는 65만 100원의 세금을 내야 했다. 그러나 어머니와 자녀 2명을 부양가족으로 공제받으면 결정세액은 0원이 되어 부부 모두 세금을 내지 않고 기납부한 세금도 모두 환급받는다.

맞벌이 부부의 부양가족 배분은 쉽지 않으므로 세무전문가의 도움을 받아 최적의 값을 찾아내는 게 좋다.

사업자-직장인 부부에게 유리한 부양가족 배분이 있다

홍부장이 박과장에게 다가와 물었다. "와이프가 사업자인데 소득이 나보다 더 높습니다. 자녀와 부모님 모두 아내가 공제받는 게 나을까요?"하고 물어보았다. 박과장은 다음과 같이 조언했다. "그렇지는 않습니다. 사업자도 부양가족공제와 자녀 세액공제를 받을 수 있습니다. 그렇지만 부양가족의 의료비·신용카드·교육비 등은 공제받지 못하는 경우가 있습니다. 그래서 일반적으로 직장인 배우자가 부양가족을 공제받는 게 낫습니다. 하지만 제가 드린 설명은 일반적인 겁니다. 부양가족의 의료비 등 지출과 부부 연봉차이에 따라 반대의 경우도 발생할 수 있습니다. 또한 성실사업자는 의료비·교육비 세액공제도 직장인과 동일하게 받을 수 있습니다. 부장님도 실제 계산을 해보신 후 결정하는 게 좋아 보입니다"

① 사업자 vs 직장인

가족의 신용카드·의료비·교육비 등 지출이 거의 없고, 사업자인 배우자의 소득이 직장인 배우자의 연봉보다 훨씬 높거나 성실사업자인 경우는 어떻게 가족을 배분해야 할까? 이때는 사업자 측에서 공제받는 것이 나을 수 있다. 그 외의 경우에는 직장인 배우자가 부양가족을 공제받는 것이 훨씬 낫다.

사업자와 직장인의 가족에 대한 공제의 차이를 보면 〈사업자와 직장인의 공제 차이〉(106쪽)와 같다. 사업자는 직장인과 동일하게 부양가족공제·자녀세액공제와 기부금지출액을 공제받을 수 있다.

성실사업자는 신용카드 사용액·보험료를 제외하고는 직장인과 거의 동일하게 가족공제를 받을 수 있다. 다만, 기부금은 세액공제가 아닌 필요경비이기 때문에 수입금액에서 차감한다.

○ 사업자와 직장인의 공제 차이

공제항목	사업자	직장인
부양가족공제/자녀 세액공제	동일	
기부금	비용으로 차감	세액공제
신용카드 공제	불가	소득공제
의료비와 교육비	불가(단, 성실사업자는 세액공제)	세액공제
보험료	불가	세액공제

② 성실사업자가 아닐 때

성실사업자가 아니라면 가족이 지출한 신용카드·현금영수증·의료비·교육비·보험료는 공제받지 못한다. 성실사업자-직장인 부부라면 결정세액이 동일하도록 부양가족을 배분하면 된다.

가족의 신용카드·의료비·교육비 등 지출이 거의 없고, 사업자의 소득이 훨씬 높다면 사업자가 공제받는 게 좋다. 그 외의 경우는 직장인인 배우자가 부양가족을 공제받는 게 낫다.

예를 들어, 사업자 아내의 과세표준이 1억 원이고 직장인 남편의 과세표준이 4,000만 원이라고 하자. 이때 어머니(61세)와 아버지(65세)의 부양가족공제는 사업자 아내가 받는 게 낫다. 아내가 부모공제를 받으면 115만 5,000원의 세금(소득세와 지방소득세)을 환급받지만, 남편이 공제받으면 49만 5,000원을 환급받아 66만 원이 적다.

가족을 중복공제 받았는지 꼭 확인하자

이과장이 "과장님, 시어머님께서 연세가 70세인데 제가 공제받아도 되지요?"하고 물었다. 박과장은 "가능은 한데 함께 사나요? 생활비는요?"하고 묻자. 이과장이 "시어머님은 혼자 따로 살고 계시는데 매달 생활비는 꼬박꼬박 드려요"하고 답했다. 그러자 박과장이 "그럼 과장님께서 시어머님에 대한 공제를 받으셔도 되지요. 근데 다른 형제들 중 혹시 시어머님의 공제를 받는 사람이 있는지 꼭 확인하세요"하고 추가로 말했다. "혹시 시동생이 받는지 모르겠네요. 시동생도 시어머님께 생활비를 드리고 있거든요"하고 이과장이 말했다. 박과장은 다음과 같이 조언했다. "중복해서 공제받으면 추징당할 수 있어요. 형제간 잘 상의해서 하세요"

① 중복공제는 세금을 추징당한다

소득 없는 가족을 형제간 또는 부부간에 중복해서 공제받으면 세금을 추징당한다. 실제 부양한 사람이 해당 가족에 대한 공제를 받아야 하고, 부양한 사람이 2명 이상일 때는 상호 협의해서 공제받는 것이 좋다.

예를 들어, 다수의 자녀가 부모님을 부양가족으로 신청했다면 누가 공제를 받아야 할까? 부모의 경우 동거여부와 상관없이 자녀 중 1인이 공제받을 수 있는데, 실제 부양한 자녀가 부모에 대한 부양가족공제를 받아야 한다.

실제 부양하고 있는 형제간 또는 부부간에 협의해서 한 사람이 해당 가족에 대한 공제를 신청해야 한다. 2명 이상이 중복해서 신청하면 1명은 세금을 추징당하게 된다.

② 실제 부양한 사람이 2명 이상일 때는 어떻게 할까

둘 이상의 거주자가 공제대상 가족을 각자 신고서에 적은 경우나 누구의 공제대상으로 올릴 것인가 모르는 경우, 〈공제대상 적용 기준〉에 따른다.

○ 공제대상 적용 기준

상황	적용 기준	예시
배우자공제와 부양가족공제 중복	배우자공제 적용	어머니에 대해 아들이 부양가족공제를, 아버지는 배우자공제를 신청 ☞ 아버지의 배우자공제 적용, 아들은 어머니 부양가족공제 못 받음
부양가족공제 중복	*① → ②의 순서로 적용 ① 직전 과세기간에 부양가족공제를 신청한 자가 부양가족공제 받음 ② 직전 과세기간에 부양가족공제를 신청한 자가 없다면 종합소득금액이 많은 자	어머니에 대해서 형과 동생이 부양가족공제 신청 ☞ 직전 과세기간 어머니 공제신청자가 형이면 형이 어머니에 대한 공제를 받음

PART 3

생활비의 중심, 카드를 효율적으로 사용하자

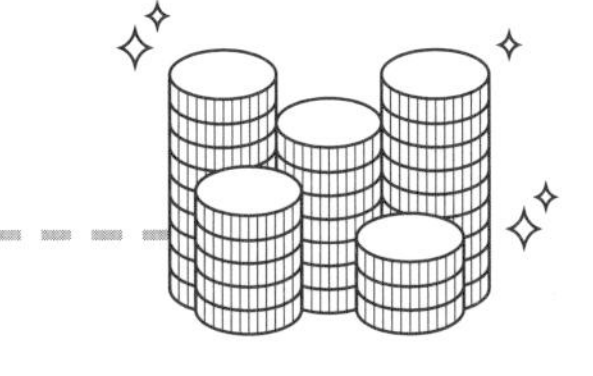

01

신용카드 공제액이 연봉별로 다르다고?

막내 신입이 박과장에게 물었다. "과장님 신용카드·현금영수증을 사용하면 연말정산에 도움이 되나요? 많이 써도 공제를 별로 못 받는 거 같아요" 그러자 박과장이 "연봉별로 최대 400만 원~600만 원까지 소득공제를 받을 수 있어. 예를 들어, 과세표준 3,000만 원인 직장인이 400만 원의 신용카드 소득공제를 받는다고 할 때 세금환급액은 66만 원이거든. 근데 신용카드 사용액에 대한 소득공제액을 계산하는 건 무척 복잡해. 자네 연봉·신용카드·현금영수증·체크카드·전통시장·대중교통비·도서공연비 사용액이 얼마지?"하고 되물었다.

신입은 "연봉 2,800만 원이고, 신용카드는 1,500만 원 사용했어요"하고 말했다. 박과장은 "총급여 2,800만 원의 25%면 700만 원이지. 이 700만 원을 넘는 800만 원에 대해서 지불수단별로 해당하는 공제율을 곱해야 해. 자네는 신용카드만 사용했으니까 800만 원에 15%를 곱한 120만 원이 소득공제액이야. 각각 공제율도 다르고 한도액도 따로 설정되어 있어서 계산이 많이 복잡해"라고 설명해주었다.

ⓦ 신용카드 등 소득공제액은 얼마일까?

총급여(연봉) 7,000만 원 이하면 신용카드·체크카드·현금영수증 사용액에 대해서 최대 300만 원을 공제받을 수 있다. 대중교통비·전통시장·도서·공연·박물관 사용액은 각각 100만 원까지 공제받을 수 있다(최대 600만 원).

○ 소득공제한도

<table>
<tr><th rowspan="2">총급여액</th><th colspan="5">소득공제한도</th></tr>
<tr><th>신용카드 · 체크카드 · 현금영수증 사용액</th><th>대중교통</th><th>전통시장</th><th>도서 · 공연 · 박물관</th><th>총 한도</th></tr>
<tr><td>7,000만 원 이하</td><td>최소 금액
[총급여×20%, 300만 원 중]</td><td rowspan="3">100만 원</td><td rowspan="3">100만 원</td><td>100만 원</td><td>600만 원</td></tr>
<tr><td>7,000만 원 초과~
1억 2,000만 원 이하</td><td>250만 원</td><td rowspan="2">0원</td><td>450만 원</td></tr>
<tr><td>1억 2,000만 원 초과</td><td>200만 원</td><td>400만 원</td></tr>
</table>

총급여 7,000만 원 초과~1억 2,000만 원 이하면 신용카드·체크카드·현금영수증 사용액에 대해서 최대 250만 원을 받을 수 있다. 대중교통비·전통시장 사용액은 각각 100만 원의 소득공제를 받을 수 있어, 최대 450만 원까지 가능하다. 그러나 도서·공연·박물관 사용액은 공제받을 수 없다. 총급여 1억 2,000만 원을 초과하는 직장인은 최대 400만 원까지 공제받을 수 있으나 마찬가지로 도서·공연·박물관 사용액은 공제받지 못한다.

₩ 공제액 계산하는 법

본인과 가족의 신용카드 등 사용액이 총급여의 25% 이하면 소득공제액은 0원이다. 즉, 신용카드 등 사용액이 총급여의 25%를 넘었을 때만 공제받을 수 있다. 이때 소득공제액은 지불수단별로 공제율을 곱해서 산출한다.

○ 공제액 계산 방법

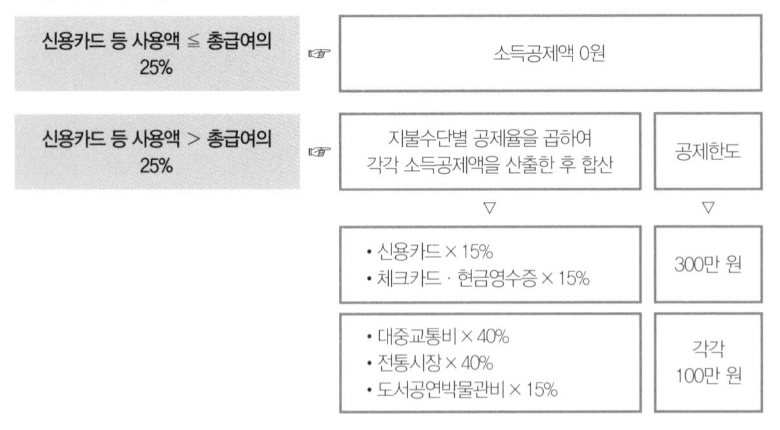

계산식이 복잡하기 때문에 사례로 접근하면 이해하기 쉽다. 총급여(연봉) 4,000만 원인 직장인과 가족의 사용액이 다음과 같다고 하자.

- 연봉(비과세제외): 4,000만 원
- 신용카드 사용액: 2,000만 원(대중교통 100만 원, 전통시장 300만 원 포함)
- 체크카드 · 현금영수증 사용액: 1,000만 원(도서공연 200만 원 포함)

소득공제액은 3단계로 계산하면 된다.

• 1단계: 사용액 중 총급여의 25% 이하를 덜어낸다

본인과 가족의 신용카드 등 사용액을 총 3,000만 원이라고 해보자. 총급여의 25%인 1,000만 원(=4,000만 원×25%)이 넘는 2,000만 원에 대해서 공제받을 수 있다. 25%를 차감할 때 '신용카드 → 체크카드·현금영수증 → 도서·공연·박물관 → 전통시장 → 대중교통비' 순서로 덜어내자.

○ 지불수단별 공제율과 계산

	사용액	지불수단	지불수단별 공제율	소득공제금액 계산	한도
	100만 원	대중교통비	40%	100만 원×40%=40만 원 ☞	40만 원
	300만 원	전통시장	40%	300만 원×40%=120만 원 ☞	100만 원
	200만 원	도서공연박물관	30%	200만 원×30%=60만 원 ☞	60만 원
	800만 원	체크카드 · 현금영수증 (대중교통 · 전통 시장 제외)	30%	800만 원×30%=240만 원	300만 원
	600만 원	신용카드 사용액 (대중교통 · 전통 시장 제외)	15%	600만 원×15%=90만 원	
연봉×25%	1,000만 원				
				합계액: 550만 원	500만 원

• 2단계: 신용카드 · 현금영수증 · 체크카드의 소득공제액을 계산한다

대중교통·전통시장 400만 원을 제외한 신용카드 사용액이 1,600만 원이라고 해보자. 여기서 총급여의 25%인 1,000만 원을 차감했을 때, 순수 신용카드 사용액은 600만 원이다. 순수 체크카드·현금영수증

사용액은 800만 원이다.

신용카드 사용액은 600만 원의 15%인 90만 원, 체크카드·현금영수증 사용액은 800만 원의 30%인 240만 원이 공제액이다. 다만, 이 공제액은 300만 원 이상 받을 수 없다. 연봉 7,000만 원 이하는 공제액 한도가 300만 원이기 때문이다. 연봉 7,000만 원 초과~1억 2,000만 원 이하인 직장인은 공제액 한도가 250만 원이다. 1억 2,000만 원이 넘는 직장인은 소득공제 한도액이 200만 원이다.

• 3단계: 도서 · 공연 · 박물관 · 전통시장 · 대중교통비의 추가 공제액을 계산한다

본인과 가족의 신용카드 등 사용액이 연봉의 25%를 넘고 신용카드·체크카드·현금영수증 소득공제액도 300만 원이 넘는 경우는 어떨까? 도서·공연·박물관·전통시장·대중교통비의 추가 소득공제를 할 수 있다.

도서·공연·박물관 사용액은 30%, 전통시장·대중교통비는 40%의 공제율을 적용하되 각각 공제액의 한도는 100만 원이다. 사례에서 전통시장 사용액은 300만 원으로 40%를 곱하면 120만 원이다. 하지만 공제액 한도가 있기 때문에 100만 원을 적용한다. 총급여 7,000만 원이 넘는 직장인은 도서·공연·박물관 사용액을 추가 공제받을 수 없다.

•TIP• 박물관 · 미술관 사용분은 입장금액으로 2019년 7월 1일 이후 지출한 금액에 대해서 공제받을 수 있다. 도서 · 공연비는 2019년도 지출금액에 대해서 공제받는다.

02

신용카드 사용의 황금비율이 따로 있다

막내 신입이 "과장님! 황금비율이 뭐예요? 신용카드, 현금영수증 사용에서 환급 잘 받는 황금비율이 있다고 들었어요"하고 말했다. 이를 들은 박과장이 "그건 연봉에 따라 신용카드·현금영수증·체크카드·전통시장·대중교통비·도서공연비의 소득공제액을 최대로 받으면서 내 돈은 최소로 사용할 수 있는 비율을 말하는 거야"하고 설명했다.

신입이 "저는 연봉 2,800만 원인데 황금비율이 어떻게 되나요?"하고 묻자 박과장은 친절히 설명해주었다. "2,800만 원의 25%까지는 신용카드로 사용하고, 1,000만 원은 체크카드·현금영수증을 사용해. 대중교통비·전통시장은 각각 250만 원씩, 도서공연비는 334만 원을 사용하면 최대 600만 원을 공제받을 수 있어. 하지만! 꼭 그게 좋은지는 따져봐야 해"

₩ 황금비율이란 무엇일까?

소득공제액을 최대로 받으면서도 내 돈은 최소로 사용하는 방법을 말한다. 연봉 7,000만 원 이하 직장인의 신용카드 등 소득공제액은 최대 600만 원이다. 최대 600만 원까지 받기 위한 신용카드·현금영수증·체크카드·도서·공연·박물관·전통시장·대중교통비의 조합은 무수히 많다. 그중 내 돈을 최소로 쓰는 조합이 바로 황금비율이다. 이는 아주 간단하다.

○ 환급의 황금비율 1

	신용카드	체크 · 현금영수증	도서 · 공연 · 박물관	전통시장	대중교통비	합계
사용액	총급여의 25%	1,000만 원	334만 원	250만 원	250만 원	
소득공제액	0	300만 원	100만 원	100만 원	100만 원	600만 원

〈환급의 황금비율 1〉 같이 총급여 25%까지는 신용카드, 체크카드·현금영수증으로 1,000만 원, 도서·공연·박물관 334만 원, 전통시장·대중교통비는 각각 250만 원 사용하면 소득공제액 600만 원까지 받을 수 있다.

○ 환급의 황금비율 2

	신용카드	체크 · 현금영수증	도서 · 공연 · 박물관	전통시장	대중교통비	합계
사용액	총급여의 25%	834만 원	0	250만 원	250만 원	
소득공제액	0	250만 원	0	100만 원	100만 원	450만 원

총급여 7,000만 원 초과~1억 2,000만 원 이하 직장인의 황금비율은 〈환급의 황금비율 2〉와 같다.

○ 환급의 황금비율 3

	신용카드	체크 · 현금영수증	도서 · 공연 · 박물관	전통시장	대중교통비	합계
사용액	총급여의 25%	667만 원	0	250만 원	250만 원	
소득공제액	0	200만 원	0	100만 원	100만 원	400만 원

총급여 1억 2,000만 원을 초과하는 직장인의 황금비율은 〈환급의 황금비율 3〉과 같다.

₩ 나에게 적합한 황금비율을 찾아라

신용카드 지출을 황금비율에 맞출 수 있는 사람은 많지 않다. 무엇보다 황금비율에 따라 사용하는 게 반드시 이득이 아닐 수도 있다. 체크카드·현금영수증보다 신용카드를 많이 사용할 수밖에 없는 사람도 있고, 전통시장·대중교통비·도서·공연·박물관 등 이용도 차이가 있을 수밖에 없다. 단순히 소득공제를 많이 받기 위해 추가 소비를 하는 게 나은지는 고민해볼 사안이다.

신용카드 자체 혜택이 체크카드·현금영수증 소득공제의 절세 혜택보다 클 수 있다. 신용카드 공제율은 15%인데 반해 체크카드·현금영수증의 공제율은 30%다. 따라서 연봉 25%를 초과하는 사용액에 대해서 신용카드보다는 체크카드·현금영수증을 사용할 때 절세혜택이 더 크다.

예를 들어, 과세표준 2,000만 원인 직장인이 1,000만 원을 체크카드로 사용했다고 하자. 소득공제액은 300만 원으로, 49만 5,000원이 절세된다. 하지만 신용카드로 1,000만 원을 사용하면 소득공제액은 150만 원이 되고 절세혜택은 24만 7,500원이다. 따라서 체크카드에 비해 24만 7,500원만큼 세금상 손해다.

그런데 신용카드 1,000만 원 사용 시 할인이나 적립 같은 혜택이 50만 원이라면 체크카드 사용보다 오히려 이득이다.

03

카드를 썼는데도 공제 못 받는다고?

신입 사원이 박과장에게 "과장님! 이상한 게 있어요. 저번에 연봉 2,800만 원인 제가 신용카드로만 1,500만 원을 사용했으면 소득공제액은 120만 원이라고 하셨잖아요? 그런데 소득공제액이 90만 원밖에 안된대요. 어떻게 된 거예요?"하고 따지듯 물었다.
박과장은 "그건 아마 1,500만 원 중에 공제받을 수 없는 대상이 있어서 그럴 거야. 신용카드로 했다고 해서 다 공제받는 건 아니야. 우선 실직 기간에 사용한 금액은 공제받을 수 없어. 그리고 공과금, 보험료 같은 것도 공제받을 수 없어"하고 친절히 설명해주었다.

₩ 교육비와 보험료는 공제를 못 받는다

「국민건강보험법」·「노인장기요양보험법」·「고용보험법」에 따라 부담하는 보험료, 「국민연금법」에 따른 연금보험료·각종 보험계약(생명보험, 손해보험, 우체국보험, 군인 공제회 등)의 보험료는 신용카드를 사용해도 공제받을 수 없다. 또한 공제료·「유아교육법」·「초중등교육법」·「고등교육법 특별법」에 의한 학교(대학원 포함), 「영유아보육법」에 따라 어린이집에 납부하는 어린이집·유치원·초등학교·중학교·고등학교·대학교·대학원의 수업료·입학금·보육비용·기타 공납금 등은 신용카드 등 소득공제를 받을 수 없다. 다만, 어린이집의 경우 입소료는 공제받을 수 있다.

₩ 세금, 공과금도 소득공제 안 된다

정부·지방자치단체에 납부하는 국세·지방세, 전기료·수도료·가스료·전화료(정보사용료, 인터넷이용료 등 포함)·아파트 관리비·텔레비전 시청료(종합유선방송 이용료 포함)·도로통행료도 공제받을 수 없다. 이 외 자동차 구입비용이나 렌탈비용도 공제받을 수 없다.

다만, 중고자동차를 신용카드로 구입한 경우 구입금액의 10%를 사용금액에 포함하여 공제받을 수 있다. 또한 국가·지자체 지급수수료, 금융용역수수료(이자상환액, 증권거래수수료 등), 정치자금기부금, 법정기부금, 지정기부금 등도 신용카드공제를 받을 수 없는 대상이다.

₩ 공제받을 수 없는 기타 항목

회사나 개인사업자의 사업관련 비용을 직장인 신용카드로 결제하고 회사로부터 해당 금액을 받았다면 연말정산할 때 소득공제 받을 수 없다. 해당 금액은 회사 비용이며 법인세·소득세로 신고납부하기 때문이다.

실직기간 사용한 금액, 형제자매의 신용카드 등 사용액은 공제받을 수 없다. 신용카드·현금영수증·체크카드 사용액은 직장인 본인과 가족의 사용액을 포함하지만 형제자매의 사용액은 제외한다.

2019년 2월 12일 이후 면세점에서 지출하는 금액도 공제 불가능하다.

04

너무나 쉬운 현금영수증 등록과 사용법

막내 신입이 “과장님 현금영수증을 하려고 하는데 어떻게 해야 하나요?”하라고 박과장에게 물었다. “그건 간단해. 국세청 홈택스에서 현금영수증을 등록하면 돼. 여기서는 핸드폰 번호만 등록하면 돼. 그리고 실제 사용할 때 핸드폰 번호를 입력하면 되지”하고 답변을 해주었다.

신입은 “아! 현금 내고 번호를 입력하던 게 그거였군요. 근데 매번 번호 입력하는 게 불편하던데…”하고 말했다. 그러자 박과장이 “현금낼 때마다 전화번호 입력하는 게 불편하기는 하지. 그게 불편하면 현금영수증전용카드를 등록하면 편해. 현금 내고 현금영수증전용카드를 제출하면 번호를 입력하지 않아도 되거든”하고 설명해주었다.

₩ 현금영수증 번호 등록하는 법

홈택스 홈페이지 회원가입 후 핸드폰 번호를 등록하거나 126

번으로 전화하여 번호를 등록하면 된다. 홈택스 홈페이지 로그인 후 '조회/발급 → 현금영수증의 발급수단 → 소비자발급수단관리'에서 번호를 등록하라. 그러면 이후 거래할 때 핸드폰 번호로 현금영수증을 발급받을 수 있다. 발급내역은 거래 다음날 홈택스 홈페이지 또는 ARS 126에서 조회할 수 있다.

거래할 때마다 전화번호를 입력하기 귀찮다면, 신용카드·체크카드를 전용카드로 등록하거나 현금영수증전용카드를 발급받아 사용하면 된다.

₩ 현금영수증 발급을 거부당했다면?

현금거래가 있었으나 사업자가 현금영수증 발급을 거부한 사실(소매업·음식업 등 일반업종) 혹은 현금영수증을 발급하지 않은 사실(변호사·병의원·예식장 등 의무발행업종)이 있는 경우 거래증빙을 갖고 국세청에 신고하면 된다. 그러면 현금영수증을 발급받은 것으로 보아 소득공제를 받을 수 있다.

신고방법은 홈택스 홈페이지나 가까운 세무서에 신고하면 된다. 발급거부신고서에 신고내용 입력(거래증빙서류 첨부)한 뒤 제출하자. 현금거래일로부터 3년 이내 신고하면 된다.

05

대중교통 · 전통시장 · 도서공연비, 추가 공제받을 수 있을까?

김대리가 박과장에게 다가와 "과장님 저 이번에 대중교통비·전통시장·도서·공연·박물관 사용액이 있는데도 소득공제를 못 받았습니다. 왜 그런 거죠?"하고 질문했다. 그러자 박과장은 다음과 같이 설명했다. "그건 2가지 중 하나라고 보면 된다네. 하나는 신용카드·현금영수증·체크카드·도서·공연·박물관·전통시장·대중교통비 사용액이 총급여의 25%가 안 되거나, 25%를 넘지만 소득공제액 300만 원이 안 되는 경우야. 다른 하나는 김대리가 대중교통비·전통시장 사용액이라고 생각하고 사용했지만 실제로는 아닌 경우지. 또한 박물관과 미술관의 경우, 2019년 7월 1일 이후 지출분만 가능해. 새롭게 바뀐 거야. 그래서 1월에서 6월까지 사용한 금액은 소득공제를 받을 수 없어"

소득공제액 300만 원이 넘어야 추가 공제받는다

본인과 가족의 신용카드 등 사용액이 총급여의 25%를 넘고, 신용카드·체크카드·현금영수증 소득공제액이 300만 원을 넘었다면, 도서·공연·박물관·전통시장·대중교통비를 추가로 소득공제할 수 있다. 반대로 300만 원이 안 되면 추가 공제를 받을 수 없다.

소득공제가 되는 전통시장은 따로 있다?

시장에서 물건을 구입한 모든 건이 전통시장 사용액에 포함되는 것은 아니다. 공제받을 수 있는 전통시장은 관할 지자체에서 등록한 곳만 가능하다. 따라서 사전에 소득공제 받을 수 있는 전통시장인지를 확인할 필요가 있다. 홈택스의 '조회/발급 → 기타 조회 → 전통시장 정보 조회'에서 확인할 수 있다.

○ 홈택스 전통시장 정보 조회 화면

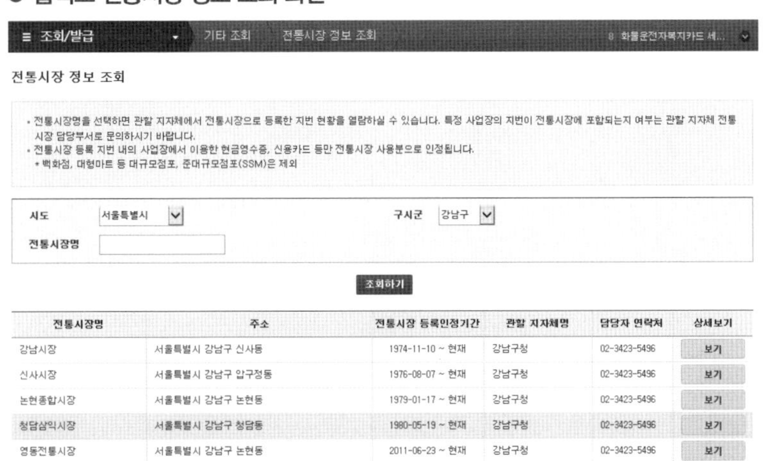
≡ 조회/발급 기타 조회 전통시장 정보 조회 8 화물운전자복지카드 세...

전통시장 정보 조회

- 전통시장명을 선택하면 관할 지자체에서 전통시장으로 등록한 지번 현황을 열람하실 수 있습니다. 특정 사업장의 지번이 전통시장에 포함되는지 여부는 관할 지자체 전통시장 담당부서로 문의하시기 바랍니다.
- 전통시장 등록 지번 내의 사업장에서 이용한 현금영수증, 신용카드 등만 전통시장 사용분으로 인정됩니다.
  * 백화점, 대형마트 등 대규모점포, 준대규모점포(SSM)은 제외

시도 서울특별시 구시군 강남구
전통시장명

조회하기

전통시장명	주소	전통시장 등록인정기간	관할 지자체명	담당자 연락처	상세보기
강남시장	서울특별시 강남구 신사동	1974-11-10 ~ 현재	강남구청	02-3423-5496	보기
신사시장	서울특별시 강남구 압구정동	1976-08-07 ~ 현재	강남구청	02-3423-5496	보기
논현종합시장	서울특별시 강남구 논현동	1979-01-17 ~ 현재	강남구청	02-3423-5496	보기
청담삼익시장	서울특별시 강남구 청담동	1980-05-19 ~ 현재	강남구청	02-3423-5496	보기
영동전통시장	서울특별시 강남구 논현동	2011-06-23 ~ 현재	강남구청	02-3423-5496	보기

₩ 대중교통비 공제 받기

버스(시내버스·시외버스·광역버스), 지하철, 철도(KTX 포함), 고속버스 등은 대중교통에 포함된다. 하지만 택시·비행기·렌터카는 대중교통에 포함되지 않기 때문에 공제받을 수 없다.

대중교통 정기승차권 등을 홈택스에 현금영수증으로 등록하자. 지하철 정기권 등을 현금으로 구입한 경우, 홈택스에서 '조회/발급 → 현금영수증 → 현금영수증 발급수단 → 소비자발급수단관리의 직접입력'에서 정기권 번호를 기재하면 현금영수증이 등록된다. 매월 정기승차권을 충전하는 것도 소득공제를 받을 수 있다.

티머니·캐시비 팝카드 등 선불식 교통카드는 카드회사 홈페이지에서 카드번호 등록 후 소득공제 신청을 해야 한다. 직장인 부모의 자녀가 어린이·청소년카드를 등록했을 때에도 카드회사 홈페이지에서 소득공제신청을 해야 연말정산간소화서비스에서 조회 가능하다.

13번째 월급을 찾아라

전년도 소득공제액을 보고 신용카드 공제액을 설계하라

김대리가 연말정산 결과를 보고 물었다. "과장님 연말정산에서 다른 것들은 이번 연도에 어떻게 하면 될지 알겠는데, 신용카드 소득공제는 어떻게 해야 잘할 수 있는지 통 모르겠어요." 이에 박과장은 "신용카드 소득공제 계산이 워낙 복잡해서 그래. 그런데 전년도를 참고하면 전략을 세울 수 있지 않을까? 신용카드 사용액은 매년 거의 비슷할 테니"하고 말했다. 그러자 김대리가 "보통 거의 비슷하죠"하고 말했다.

이 답을 들은 박과장은 "그럼 전년도 소득공제액을 먼저 봐. 소득공제액이 600만 원이라면 최대로 다 받은 거겠지? 그럼 어떻게 해야 할까? 만약 소득공제액이 300만 원에서 600만 원 사이라면 어떻게 해야 할지, 300만 원 이하이거나 0원이라면 어떻게 해야 할지를 생각해보면 답이 나오지 않을까?"하고 조언했다.

① 전년도 소득공제액에 따라 연초부터 절세방법을 찾자

개인의 사용액은 매년 거의 비슷하기 때문에 전년도 원천징수영수증에서 신용카드 등 소득공제액을 확인한 후 가능한 방법을 선택하면 된다. 때에 따라 신용카드·현금영수증·체크카드·전통시장·대중교통비·도서·공연·박물관 사용액의 비율을 조정하면 공제액을 늘릴 수 있다.

○ 공제액과 절세여부

신용카드 등 소득공제액	절세여부
600만 원	더 이상 절세 불가. 개인의 소비성향을 고려하여 신용카드 사용을 체크카드 · 현금영수증 등으로 전환해야 함
300만 원~600만 원	대중교통비 · 전통시장 · 도서 · 공연비 등 늘어나면 절세됨
0원~300만 원 미만	– 전체 사용금액을 증가시킬 때 절세됨 – 신용카드 사용액이 총급여의 25% 초과할 경우에는 신용카드를 체크카드 · 현금영수증으로 전환하여 절세
0원	총급여의 25% 초과 시 절세(부양가족을 활용하여 총급여 25% 초과 사용 달성)

② 소득공제액에 따라 내게 맞는 절세법이 다르다

신용카드 등 소득공제액이 600만 원(연봉 7,000만 원 초과~1억 2,000만 원 이하 직장인은 450만 원, 연봉 1억 2,000만 원 초과 직장인은 400만 원)이라면 최대로 공제받은 것이다. 따라서 더 이상 절세는 불가능하다. 이 경우 신용카드·현금영수증·체크카드 비율이 자신의 가계상황에 적합한지 아니면 버거운지 판단한 후, 변경하는 것이 좋다.

소득공제액이 300만 원~600만 원(연봉 7,000만 원 초과~1억 2,000만 원 이하 직장인은 250만 원~450만 원, 연봉 1억 2,000만 원 초과 직장인은 200만 원 ~400만 원) 사이라면 전통시장·대중교통비·도서·공연·박물관(연봉 7,000만 원 초과면 공제불가) 사용액을 증가시키면 소득공제를 추가로 받을 수 있다.

이때 전통시장·대중교통비·도서·공연·박물관 이용은 현금으로 하지 말고 신용카드·현금영수증·체크카드로 사용하여 추가 공제 가능하도록 해야 한다. 또한 부모·배우자의 전통시장 사용액 혹은 자녀·부모의 대중교통비도 챙겨야 한다.

신용카드 등 소득공제액이 0원~300만 원 미만이라면 부양가족공제를 활용하고, 신용카드 사용비율을 조절하라. 사용액이 총급여의 25%를 초과하지만, 신용카드·현금영수증·체크카드·도서·공연·박물관·전통시장·대중교통비의 사용액에 대한 공제율을 곱한 소득공제금액이 300만 원 안 될 때가 있다. 따라서 부양가족의 신용카드 등 사용액을 누락된 것이 없는지 살펴봐야 한다. 또한 신용카드 사용액이 총급여의 25%를 넘는다면 넘는 금액을 현금영수증이나 체크카드로 전환하여 사용할 수 있는지도 검토해봐야 한다.

〈지출계획 사례〉(130쪽)에서 보듯 지출계획상 신용카드·체크카드 등 합계액 2,100만 원으로 소득공제액은 275만 원이다. 이 경우 신용카드 등 사용액 2,100만 원을 유지하면서 절세하려면, 신용카드 사용액 1,500만 원 중 연봉의 25%를 초과하는 500만 원을 '방안'처럼 체크카드·현금영수증 등으로 전환해야 한다. 그러면 소득공제액 350만 원으로 75만 원이 증가한다. 물론 전체 사용액 증가로 소득공제액을 증가시킬 수 있지만 바람직한 것은 아니다.

○ 지출계획 사례

연봉 4,000만 원, 적용세율: 16.5%(지방소득세 포함) 가정				
	지출계획		절세 방안	
	지출계획	소득공제액	방안	소득공제액
신용카드 사용액	1,500만 원	75만 원	1,000만 원	0
체크카드 · 현금영수증 등 사용액	400만 원	120만 원	900만 원	270만 원
대중교통비	100만 원	40만 원	100만 원	40만 원
전통시장 사용액	100만 원	40만 원	100만 원	40만 원
합계액	2,100만 원	275만 원	2,100만 원	350만 원
절세액	75만 원 × 16.5% = 12만 3,750원			

소득공제액이 0원이라면 본인과 가족의 신용카드 등 사용액 합계가 총급여의 25%가 안 되는 경우다. 이 상황에서는 사용액을 증가시켜야 하는데, 인위적인 증가는 바람직하지 않다.

그보다 가족 중 연말정산에 포함시킬 수 있는 사람이 있는지 살펴봐야 한다. 만60세 미만인 부모, 만20세 넘는 자녀 중 연소득금액이 100만 원 이하인 자의 신용카드 사용액은 포함할 수 있다(부양가족공제는 받을 수 없음).

신용카드공제와 교육비공제를 동시에 한다?

김대리가 박과장에게 "과장님 혹시 신용카드 소득공제 관련해서 추가 절세팁이 있을까요?"하고 질문했다. 박과장은 잠시 생각하더니 "의료비를 신용카드로 결제하면 의료비 세액공제와 신용카드 소득공제를 모두 받을 수 있어. 취학 전 아동의 학원비나 중고생 자녀의 교복비를 신용카드로 결제하면 교육비와 신용카드 공제가 가능하다네"하고 설명해주었다.

① 의료비 · 교복구입비 · 수강료는 이중공제 받을 수 있다

신용카드 공제와 중복 공제받을 수 있는 항목이 있는데, 바로 의료비·교복구입비·취학 전 아동의 학원·체육시설 등 수강료다.

○ 동시 공제 가능 항목

구분		공제 항목	신용카드공제
카드로 결제한 의료비		의료비공제 가능	신용카드공제 가능
카드로 결제한 보장성보험료		보험료공제 가능	신용카드공제 불가
카드로 결제한 학원비	취학 전 아동	교육비공제 가능	신용카드공제 가능
	그 외	교육비공제 불가	
카드로 결제한 교복구입비		교육비공제 가능	신용카드공제 가능
교육비		교육비공제 가능	신용카드공제 불가
카드로 결제한 기부금		기부금공제 가능	신용카드공제 불가

취학 전 아동의 경우, 주 1회 이상 월단위로 교습 받는 학원·체육시설 등 수강료에 대해 교육비공제를 받을 수 있다. 이때 카드로 결제하면 교육비와 함께 신용카드공제도 받을 수 있다.

예를 들어, 총급여 4,000만 원 직장인이 의료비 200만 원을 체크카드·현금영수증으로 결제했을 때의 혜택을 살펴보자. 단, 의료비는 이미 총급여의 3%(120만 원)를 넘은 상태이고, 신용카드 등 사용액도 총급여액의 25%를 넘었으며, 과세표준은 2,000만 원이다.

○ 절세액 표

의료비 세액공제액	신용카드 소득공제의 절세액	총 절세액
200만 원 × 16.5% = 33만 원	• 소득공제액 = 200만 원 × 30% = 60만 원 • 절세액 = 60만 원 × 16.5% = 9만 9,000원	42만 9,000원

*참고 : 체크카드 · 현금영수증이 아닌 신용카드로 200만 원 결제 시 소득공제액은 30만 원이며, 그에 따른 절세액은 4만 9,500원이다.

〈절세액 표〉에서 보듯 의료비 200만 원을 체크카드 등으로 사용하면 200만 원의 16.5%(지방소득세 포함)인 33만 원을 공제받는다. 또한 200만 원에 대한 신용카드 등 공제율 30%인 60만 원을 공제받게 된다. 이때 소득공제액 60만 원에 대한 절세액은 9만 9,000원이다.

따라서 200만 원을 체크카드·현금영수증으로 결제하면 42만 9,000원의 절세효과를 얻을 수 있다. 만약 체크카드·현금영수증이 아닌 신용카드로 200만 원을 결제하면, 공제율이 15%로 낮아져 소득공제액은 30만 원이고 절세액은 37만 9,500원이다.

만60세 미만 부모나 만20세 초과 자녀의 카드 사용을 놓치지 마라

막내 신입이 "과장님 저 같은 미혼 직장인들의 신용카드 절세팁 좀 알려 주세요"하고 물었다. 박과장은 "부모님이 60세 미만으로 연소득금액 100만 원 이하고 함께 생활하고 있다면 해당 부모님의 신용카드·현금영수증 등 사용액을 자네의 연말정산에 포함할 수 있다네"라고 알려 주었다. 신입은 "그래요? 여태껏 어머니는 제외했는데… 가서 포함해야지!"하고 뒤돌아섰다.

박과장은 "이보게 아버님께서 배우자공제를 받거나 다른 가족이 공제받으면 소용이 없어!"하고 소리쳤지만 이미 신입은 가버렸다. 그러자 옆에 있던 김대리가 "혹시 20세 초과되는 가족의 카드 사용액도 공제받을 수 있나요?"하고 물었다. 박과장은 "20세가 넘는 자녀의 카드 사용액은 공제받을 수 있지만 형제자매는 안 된다네"하고 설명해주었다.

① 연소득금액 100만 원 이하의 부모나 자녀 카드 사용액을 포함하자

만60세 미만 부모님(배우자의 부모 포함)이나 만20세 초과된 자녀의 신용카드·현금영수증·체크카드 등 사용액을 놓치는 경우가 많다. 나이 요건 때문에 부양가족공제가 안 되는 것이지, 신용카드공제는 받을 수 있다.

〈카드 사용액 절세 사례〉와 같이 연봉 4,000만 원 직장인이 신용카드 등 사용액 2,100만 원으로 받을 수 있는 공제는 275만 원이다. 하지만 배우자·자녀·부모의 신용카드 등 사용액 1,300만 원을 포함하면, 공제는 500만 원으로 225만 원이 증가한다. 따라서 37만 1,250원만큼 절세할 수 있다.

○ 카드 사용액 절세 사례

구분	연봉 4,000만 원, 적용세율: 16.5%(지방소득세 포함)			
	본인		배우자 · 자녀 · 부모	최종 소득공제액
	사용액	소득공제액	사용액	
신용카드사용액	1,500만 원	75만 원	500만 원	300만 원
체크카드 · 현금영수증 등 사용액	400만 원	120만 원	300만 원	
대중교통비	100만 원	40만 원	200만 원	100만 원
전통시장 사용액	100만 원	40만 원	300만 원	100만 원
합계액	2,100만 원	275만 원	1,300만 원	500만 원

절세액	225만 원 × 16.5% = 37만 1,250원

② 대중교통비 · 전통시장 등 이용에 부모 · 자녀를 최대한 활용하라

대중교통비·전통시장·도서공연박물관 사용액에 대해 추가로 각각 100만 원씩 공제받을 수 있다. 추가 공제받으려면 대중교통비·전통시장 사용액은 각각 연 250만 원을, 도서공연박물관비는 334만 원을 사용해야 한다. 그런데 대체로 본인의 대중교통비·전통시장 사용액은 이 금액에 못 미치는 경우가 많다. 따라서 대중교통·전통시장·도서공연박물관 이용이 많은 부모와 자녀를 활용하면 최대의 절세효과를 얻을 있다.

맞벌이 직장인 부부, 카드 똑똑하게 사용하기

맞벌이 이과장이 박과장을 찾아와서 상담을 신청했다. "과장님 맞벌이 직장인 부부의 신용카드 소득공제액을 최대로 하려면 어떻게 해야 하나요? '연봉이 많은 사람에게 몰아서 공제하기', '양쪽에 분산

하기', '과세표준이 높은 사람에게 몰아서 공제하기' 등 많은 이야기들이 있는데 혼란스러워요"

이에 박과장은 다음과 같이 설명해주었다. "맞벌이 부부는 일단 시뮬레이션해야 정확한 값을 알 수 있어요. 그렇지 않고서는 정말 힘들지요. 왜냐하면 부부 둘이라면 그나마 나은데 부양가족의 신용카드도 포함해서 계산해야 하거든요"

① 연초부터 1인에게 몰아서 사용하라

부부 중 한 사람 이름으로 몰아서 소비한 후(최적의 소비조합까지), 남은 금액은 다른 사람이 소비하는 방법이다. 누구에게 몰아야 할지는 경우의 수가 많고 복잡해서 책에 다 쓰기에는 한계가 있다.

만약 연봉 차이가 많고 카드 사용액이 적은 경우, 반대로 해야 유리할 수도 있다. 따라서 먼저 다음과 같이 해본 후 반대 경우도 적용해보는 것이 오류를 줄일 수 있다.

• 시뮬레이션 첫 번째

동일한 세율이 적용되고 부부 중 한 사람의 과세표준을 초과하는 금액이 300만 원 이상인 경우, 과세표준이 큰 사람에게 카드 사용을 몰아야 한다.

과세표준은 〈과세표준 및 적용 세율〉과 같다. 1,200만 원, 4,600만 원, 8,800만 원, 1억 5,000만 원 등이 기준금액이며, 이를 기준으로 과세표준 초과금액을 계산한다.

○ 과세표준 및 적용세율

과세표준	적용 세율	과세표준 초과금액 예시
1,200만 원 이하	6%	과세표준이 1,500만 원일 경우 300만 원
1,200만 원 초과~4,600만 원 이하	15%	
4,600만 원 초과~8,800만 원 이하	24%	
8,800만 원 초과~1억 5,000만 원 이하	35%	
1억 5,000만 원 초과~3억 원 이하	38%	
3억 원 초과~5억 원 이하	40%	
5억 원 초과	42%	

○ 맞벌이 부부 시뮬레이션 사례 1

〈조건〉
- 연봉: 남편- 4,000만 원, 아내- 3,000만 원
- 소득공제 반영 전 과세표준: 남편- 1,933만 8,108원, 아내- 1,350만 4,233원
- 신용카드 사용액: 1,400만 원
- 체크카드와 현금영수증 사용액: 800만 원
- 전통시장 사용액: 400만 원
- 대중교통비: 200만 원

	분산 사용 시		남편에게 몰아서 사용		아내에게 몰아서 사용	
	남편	아내	남편	아내	남편	아내
신용카드	700만 원	700만 원	1,400만 원		250만 원	1,150만 원
체크 · 현금영수증	400만 원	400만 원	800만 원			800만 원
전통시장사용액	200만 원	200만 원	333만 원	67만 원	67만 원	333만 원
대중교통비	100만 원	100만 원	200만 원			200만 원
소득공제액	150만 원	약 225만 원	480만 원	0	0	480만 원
세금	약 100만 원	약 34만 원	약 55만 원	약 47만 원	약 125만 원	약 26만 원
세금합계	약 134만 원		**약 102만 원**		약 151만 원	

*계산과정은 생략

과세표준은 다른 공제를 모두 반영하되, 신용카드 등 소득공제를 제외하고 계산해야 한다. 전년도 근로소득원천징수명세서의 종합소득과

세표준(서식 48번 항목)에서 신용카드 등 소득공제(서식 42번 항목)를 합산하면 된다.

〈맞벌이 부부 시뮬레이션 사례 1〉에서 보듯, 예상 사용액을 남편과 아내에게 분산했을 때보다 남편에게 몰아서 사용할 때 약 32만 원을 절세할 수 있다. 그러나 아내에게 몰아서 사용하면 오히려 세금이 49만 원 증가한다.

- 시뮬레이션 2번째

○ 맞벌이 부부 시뮬레이션 사례 2

〈조건〉
- 연봉: 남편– 4,000만 원, 아내– 2,500만 원
- 소득공제 반영 전 과세표준: 남편– 1,933만 8,108원, 아내– 987만 8,527원
- 신용카드 사용액: 1,400만 원
- 체크카드와 현금영수증 사용액: 800만 원
- 전통시장 사용액: 400만 원
- 대중교통비: 200만 원

	분산 사용 시		남편에게 몰아서 사용		아내에게 몰아서 사용	
	남편	아내	남편	아내	남편	아내
신용카드	700만 원	700만 원	1,400만 원		375만 원	1,025만 원
체크 · 현금영수증	400만 원	400만 원	800만 원			800만 원
전통시장사용액	200만 원	200만 원	333만 원	67만 원	67만 원	333만 원
대중교통비	100만 원	100만 원	200만 원			200만 원
소득공제액	150만 원	약 221만 원	480만 원	0	0	480만 원
세금	약 100만 원	약 21만 원	약 55만 원	약 29만 원	약125만 원	약 14만 원
세금합계	약 121만 원		**약 84만 원**		약 139만 원	

서로 다른 세율이 적용되는 경우에는 어떻게 해야 할까? 적용 세율이 서로 다르다는 것은 연봉차이가 많이 난다는 의미다. 연봉이 높은 사람은 최저사용금액(연봉의 25%)도 많다. 따라서 가족 카드사용액이 적으면 소득공제를 전혀 받을 수 없거나 공제액이 적을 수 있다.
이때는 연봉이 낮은 사람에게 카드 사용을 몰아야 절세할 수 있다. 그러나 카드 사용액이 많아서 연봉 높은 사람도 소득공제를 받을 수 있다면, 연봉 낮은 사람보다 소득공제액이 적더라도 높은 세율이 적용되기 때문에 절세효과가 더 클 수도 있다.
〈맞벌이 부부 시뮬레이션 사례 2〉에서 남편 적용세율은 15%로, 아내 적용세율 6%보다 높다. 따라서 남편에게 몰아버리면 세금이 가장 적다.

• 시뮬레이션 3번째

동일한 세율이 적용되고 부부 모두 과세표준 초과금액이 300만 원 이하면, 카드 사용을 분산하는 것이 좋다. 이때 과세표준 큰 사람의 소득공제액에 해당하는 사용액을 역으로 계산한다. 이후 과세표준이 큰 사람에게 사용액을 할당하고, 나머지를 상대방에게 분배하면 된다.
일반인들이 이 계산을 하기에는 상당히 어렵다. 사용액을 역으로 계산해야 하기 때문이다. 전문가에게 자문을 구하거나 여의치 않으면 부정확하더라도 사용액을 50:50의 비율 또는 연봉 비율로 분배하여 계산해보면 좋다.
〈맞벌이 부부 시뮬레이션 사례 3〉에서 과세표준 1,200만 원 초과금액은 남편과 아내 모두 300만 원 이하이며, 남편 과세표준이 더 크다.

따라서 카드 사용액을 분산할 때 세금이 가장 적다(70만 원).

카드사용액은 남편의 과세표준 초과금액 224만 7,689원(=1,424만 7,689원-1,200만 원)에 해당하는 소득공제액을 역으로 계산하면 된다. 신용카드는 825만 원, 체크카드·현금영수증 등은 749만 원이 나온다.

○ 맞벌이 부부 시뮬레이션 사례 3

〈조건〉
- 연봉: 남편– 3,300만 원, 아내– 3,000만 원
- 소득공제 반영 전 과세표준: 남편– 1,424만 7,689원, 아내– 1,350만 4,233원
- 신용카드 사용액: 1,400만 원
- 체크카드와 현금영수증 사용액: 800만 원
- 전통시장 사용액: 400만 원
- 대중교통비: 200만 원

	분산 사용 시		남편에게 몰아서 사용		아내에게 몰아서 사용	
	남편	아내	남편	아내	남편	아내
신용카드	825만 원	575만 원	1,225만 원	175만 원	250만 원	1,150만 원
체크 · 현금영수증	749만 원	51만 원	800만 원			800만 원
전통시장사용액		400만 원	333만 원	67만 원	67만 원	333만 원
대중교통비		200만 원	200만 원			200만 원
소득공제액	약 252만 원	약 143만 원	480만 원	0	0	480만 원
세금	약 35만 원	약 35만 원	약 28만 원	약 47만 원	약 52만 원	약 26만 원
세금합계	**약 70만 원**		약 75만 원		약 78만 원	

② 가족 카드 사용액을 잘못 선택하면 오히려 손해다

자녀·부모(시부모, 처부모 등)의 카드 사용액을 누구에게 올릴지 선택할 때 특히 조심해야 한다. 그 이유는 카드 사용액 이외의 공제(인적공제·보험료·교육비 등)가 함께 붙기 때문이다.

예를 들어, 자녀·부모의 카드 사용액에 대한 소득공제액이 100만 원이고 인적공제·교육비 등 기타 공제액은 800만 원으로, 남편이 계속 공제받아 왔다고 하자. 이때 카드 사용액을 아내에게 모는 것이 유리하다고 해서 아내가 공제받는다면 900만 원이 모두 아내에게 공제된다. 그렇게 되면 남편 세금이 확 늘어나고 오히려 전체 세금이 증가할 수 있다.

PART **4**

의료비와 교육비도 돌려받을 수 있다

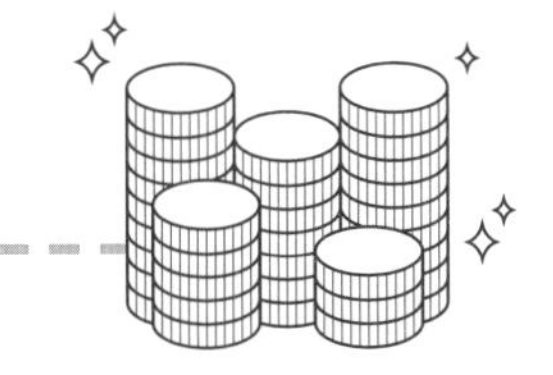

01

연봉의 3%가 넘는 의료비만 세액공제 된다

막내 신입이 "과장님, 올해 의료비로 50만 원을 지출했는데 하나도 공제받지 못한대요. 제 비과세를 제외한 연봉은 2,800만 원이구요"하고 이야기했다. 이에 박과장은 "자네와 가족 의료비 총액이 연봉의 3%인 84만 원을 넘어야 세액공제 받을 수 있어. 그런데 지출한 의료비는 50만 원이니까 공제를 하나도 못 받는 거지"하고 설명해주었다. 설명을 들은 신입이 "그런 게 어디 있어요? 의료비는 필수 비용 중 하나인데… 3%를 넘어야지만 공제해주고 그러나요? 치사하게"하고 약간 목소리를 높였다.

옆에 있던 김대리도 박과장에게 질문했다. "그럼 의료비가 연봉의 3%를 넘었다고 하고요. 그 넘는 금액의 15%를 공제받는 거 아닌가요?" 박과장은 "왜? 3% 넘는 금액에 15%를 곱한 금액과 연말정산 후 원천징수영수증상의 의료비공제액하고 다른가?"하고 물었다. 김대리는 "네"하고 답했다. 박과장은 "그럴 거야. 의료비에 일괄적으로 15%를 곱하면 안 돼. 일단 의료비를 3가지로 분류한 후, 개별로 세액공제액을 산출해야 해"하고 설명해주었다.

의료비공제, 못 받을 수도 있다?

본인과 가족 의료비가 총급여의 3% 이하면 의료비 세액공제를 전혀 받을 수 없다. 예를 들어 보자. 〈의료비공제 사례 1〉처럼 의료비 총액이 연봉의 3%(=3,000만 원×3%=90만 원) 이하면 공제받을 수 없다. 80만 원은 의료비공제와 관련하여 아무 의미 없는 금액이다.

○ 의료비공제 사례 1

Q. 회사원 B씨가 1년간 총 의료비로 80만 원을 지출했다면 의료비공제액과 세금환급액은 얼마일까? B씨 연봉은 3,000만 원이다.

A. 의료비공제액과 세금환급액 모두 0원이다. 1년간 지출한 B씨와 부양가족의 의료비는 80만 원이지만, 연봉의 3%는 90만 원이기 때문이다.

미혼 직장인이라면 본인뿐 아니라 가족 의료비를 적극 포함해야 한다. 특히 함께 살고 있는 가족의 의료비를 직접 결제하면 그 의료비를 본인이 공제받을 수 있다. 맞벌이 부부의 경우, 의료비는 연초부터 한사람이 결제하면 좋다. 연말정산 때 공제받을 확률이 커지기 때문이다.

₩ 의료비 종류에 따라 공제액이 다르다고?

의료비 총액이 연봉의 3%를 초과해도 모두 공제받는 것은 아니다. 의료비를 3가지로 분류한 후, 각각 공제액을 산출해야 한다. 분류 기준은 〈의료비 분류표〉와 같다. 이렇게 구분하는 이유는 각 의료비별로 세액공제율이 다르고 일반부양가족 의료비에는 한도가 정해져 있기 때문이다.

○ 의료비 분류표

<table>
<tr><th colspan="2">의료비</th><th>공제대상 의료비</th><th>세액공제율</th></tr>
<tr><td></td><td>의료비 총액이 연봉의 3% 이하인 경우</td><td>0원</td><td>0</td></tr>
<tr><td rowspan="3">연봉의 3% 초과</td><td>① 일반부양가족의 의료비</td><td>적은 금액 (① – 연봉 x 3%, 700만 원)</td><td>15%</td></tr>
<tr><td>② 본인 · 65세 이상자 · 장애인 · 건강보험산정특례자의 의료비</td><td>② 전액
단, ① – 연봉 x 3% <0 이면
'① + ② – 연봉x3%'</td><td>15%</td></tr>
<tr><td>③ 난임시술비</td><td>③ 전액
단, ① + ② – 연봉 x 3% < 0이면
'① + ② + ③ – 총급여 x 3%'</td><td>20%</td></tr>
</table>

*건강보험산정특례자는 국민건강보험법시행령 제19조제1항, 보건복지부장관이 고시하는 기준에 따라 중증질환자 · 희귀난치성질환자 · 결핵환자 산정특례 대상자로 등록되거나 재등록된자를 말한다.

₩ 일반부양가족의 의료비 외 의료비공제대상 금액은?

〈의료비 분류표〉의 ②와 ③ 이외 가족(일반부양가족)의 의료비가 연봉의 3%를 초과할 때, 초과액의 15%를 공제받는다. 이때 700만 원이 초과될 수 있는데, 그 이상은 공제가 불가능하다.

일반가족의 의료비가 연봉의 3% 이상일 때 본인과 가족 중 65세 이상자·장애인·건강보험산정특례자의 의료비는 15%, 난임시술비는 20%로 전액 공제받을 수 있다.

○ 의료비공제 사례 2

Q. 총급여 3,000만 원인 회사원의 1년간 의료비가 다음과 같을 때 의료비공제액과 세금환급액은 얼마인가?
- 케이스 1: 일반부양가족 의료비 500만 원
- 케이스 2: 일반부양가족 의료비 1,000만 원

A. 공제액은 다음과 같다.
- 케이스 1: 의료비공제액 410만 원[500만 원 – 90만 원(총급여의 3%)], 세금공제액 61만 5,000원(=410만 원×15%)
- 케이스 2: 의료비공제액=700만 원(초과해도 700만 원이 최대), 세금공제액=105만 원(700만 원×15%)

○ 의료비공제 사례 3

Q. 총급여 4,000만 원인 회사원의 1년간 의료비가 다음과 같을 때 의료비공제액과 세금공제액은 얼마인가?
- 케이스 1: 일반부양가족 의료비 0원, 본인과 장애인 의료비 50만 원, 난임시술비 300만 원
- 케이스 2: 일반부양가족 의료비 120만 원, 본인과 장애인 의료비 200만 원, 난임시술비 300만 원

A. 공제액은 다음과 같다.
- 케이스 1: 의료비공제액= 230만 원, 세액공제액= 46만 원(= 230만 원×20%) [의료비공제액= 50만 원+300만 원 – 120만 원(총급여의 3%)= 230만 원]
- 케이스 2: 의료비공제액= 500만 원, 세금공제액= 90만 원(200만 원×15%+300만 원×20%) [일반의료비공제액 120만 원이 총급여의 3%(= 120만 원). 따라서 본인과 장애인 의료비와 난임시술비는 전액으로 계산한다]

그러나 일반부양가족의 의료비가 연봉의 3% 미만이면 일단 '본인과

가족 중 65세 이상자·장애인·건강보험산정특례자의 의료비 → 난임 시술비'의 순서로 연봉의 3%까지 채운다. 이후 남은 금액에 대해서 해당 공제율을 곱하여 공제액을 산출한다.

02

성형이나 미용 관련 의료비는 돌려받지 못한다

김대리가 박과장에게 물었다. “과장님, 의료비공제액을 계산했는데 다른 게 있어서요. 지출한 의료비는 500만 원인데 공제대상의료비로 300만 원밖에 안 잡혀요. 왜 그런 건가요?” 이에 박과장은 “그건 아마 지출한 의료비 500만 원에는 공제되지 않는 의료비가 있어서일 거야. 병원이나 약국에서 지출한 비용이 모두 공제되는 건 아니야. 미용·성형 같은 것은 의료비공제를 받을 수 없어”하고 이야기했다.

₩ 병원비라고 무조건 공제받는 것은 아니다

진찰·진료·질병예방을 위한 비용만 의료비공제를 받을 수 있다. 국내 의료기관이 아닌 해외 의료기관에 지급한 건이나 국내 의료기관이라도 진찰·진료·질병예방 이외의 목적(미용 등)이라면 공제받을 수 없다. 여기서 의료기관은 종합병원·병원·치과병원·한방병원·의원·치과의원·한의원·조산원을 말한다. 예를 들어, ① 일반적으로 의료기관에 고용되어 있지 않는 간병인에 지급하는 간병비 ② 특수교육원의 치료비용 ③ 스포츠센터의 장애인 재활비용 ④ 일반응급환자 이송업체의 이송처치료 등은 공제받지 못한다.

또한 ① 미용목적의 성형수술비·치아교정비 ② 임신중절수술비용 ③ 제대혈 보관·실시비용 ④ 진단서 발급비용 등도 공제받을 수 없다. 치료목적인지 미용목적인지 애매한 경우가 있을 수 있다. 이때는 담당의사의 진료와 소견을 기록한 진단서를 첨부해야 한다.

총급여 7,000만 원 이하 직장인일 때 산후조리원 비용도 받을 수 있다. 출산 1회당 200만 원 이내에서 공제받을 수 있다.

₩ 감기약, 두통약, 파스도 공제대상이다

치료·요양을 위해 구입하는 의약품(약사법상의 의약품) 비용은 공제받을 수 있다. 한약도 마찬가지다. 감기약, 두통약, 연고, 파스(의약외품은 불가), 소화제 등 약국에서 자주 구입하는 것들도 가능하다. 하지만 단순히 건강증진을 위해서 구입하는 보약·건강기능식품 비용은 공제받을 수 없다.

처방전 없이 구입한 약이라도 치료·요양 목적이라면 공제대상이다. 하지만 이런 제품은 국세청 연말정산간소화서비스에 조회되지 않는다. 따라서 약제비 계산서·영수증을 발급 받아야 한다. 또한 국세청 연말정산간소화서비스에서 의료비 내역을 직접 입력해야 공제받을 수 있다.

₩ 안경, 의료기기도 공제 가능하다

안경(돋보기안경 포함)과 콘택트렌즈 구입비도 공제받을 수 있다. 단, 시력보정 목적으로 구입했을 때만 가능하다. 이는 1인당 연 50만 원이 한도다. 안경사가 시력교정용임을 증명한 영수증을 제출하면 된다.

의료기기 구입·임차비용도 공제받을 수 있다. 질병·상해·장애의 진단과 치료·경감·처치예방 등을 위한 목적이라면 가능하다. 단, 의료비공제를 받으려면 의료기기법상의 의료기기(식품의약품안전청에서 확인 가능)여야 한다. 기기 종류는 호흡보조장치·의료용소독기·인공심장박동기 등이다. 의사 처방전과 판매자·임대인이 발행한 의료비 영수증(의료기기 명칭이 기재되어야 함)을 제출하면 된다.

보청기·의수족·휠체어·점자판·시각장애인용 점자정보단말기·점자프린터·특수제작된 화면낭독소프트웨어·보조기(팔, 다리, 척추, 골반보조기) 등도 공제된다. 지체장애인·청각장애인 등 장애인을 위한 보장구도 마찬가지다. 의사 처방전이 없어도 공제를 받을 수 있지만, 판매자가 사용자 성명을 확인하여 발급한 영수증을 첨부해야 한다.

•TIP• 「노인장기요양보험법」 제40조 제1항에 따라 노인장기요양시설에 지급한 본인부담금도 공제받을 수 있다. 장기요양급여비용 명세서 · 장기요양급여비 납부확인서를 증빙 서류로 제출해야 한다.

03

보험금 받은 후 의료비도 공제받았다면 추징당한다?

김대리가 박과장에게 물었다. "과장님! 제 와이프가 치료받고 난 후 실비보험금을 받았어요. 의료비에서 이걸 제외하지 않으면 추징될 수 있다고 하는데 사실인가요?" 박과장은 "사실이야. 질병이나 사고로 인해 치료받고 보험금을 받는다면 의료비에서 차감하도록 하고 있어"라고 설명을 해주었다.
김대리는 "보험금을 받았는지 국세청에서 알 수 있나요?"하고 물었다. 이에 박과장은 "2019년부터 보험회사에서 실비보험금을 지급하면 다음 연도 2월 말까지 지급 내역을 국세청에 알리도록 법을 개정했어"라고 알려주었다. 김대리는 "꼼짝없이 보험금을 의료비에서 차감해야 하네요"하며 실망감을 드러냈다.

₩ 보험금을 받았다면 의료비공제는 받지 못한다

의료비 납부 후 보험금을 수령한 경우, 당사자는 의료비를 지출하지 않은 것으로 되기 때문에 의료비공제가 안 된다. 예를 들어, 의료비 300만 원이 나왔다고 하자. 보험회사가 보험금 300만 원을 지급했다면, 이 300만 원에 대해서는 공제받지 못한다.
만약 공제받으면 몇 년이 지나서 공제받은 금액의 소득세와 함께 가산세가 추징될 수 있다. 단, 의료비를 카드 등으로 계산한 경우 신용카드 공제는 받을 수 있다.

₩ 실비보험 지급 내역도 제출해야 된다

2019년부터 보험회사는 실손의료보험금(실비보험) 지급 내역을 다음 연도 2월 말까지 국세청에 제출해야 한다. 보험회사·수협·신협·새마을금고·군인공제회·한국교직원공제회·대한지방행정공제회·경찰공제회·대한소방공제회 등이 해당된다.

04

취학 전 아이 교육비, 얼마나 공제받을까?

김대리가 박과장에게 이야기했다. "어린이집과 유치원에 다니는 아이들 교육비로 세액공제를 받으려 신청했습니다. 근데 실제 지출한 것보다 공제가 적게 나왔습니다" 박과장은 "교육비 중에는 공제받지 못하는 게 의외로 많아서 그럴 거야. 어린이집 입소비용·차량운행비는 공제받을 수 없어. 인가받지 않은 어린이집·학원의 비용도 공제대상이 아니지. 또 정부에서 지원받는 금액도 공제대상이 아니야"하고 설명해주었다.

₩ 내 아이 교육비도 돌려받을 수 있을까?

취학 전 자녀 교육비는 1명당 최대 49만 5,000원까지 환급받을 수 있다. 자녀가 어린이집·유치원·학원·체육시설에 다닐 경우 1명당 300만 원 이내에서 실제 지출한 비용의 15%를 세액공제받는다(지방소득세 포함 시 16.5%). 예를 들어, 유치원·학원비 등으로 400만 원을 지출했다면 300만 원에 16.5% 곱한 49만 5,000원을 환급받는다.

₩ 어린이집 · 유치원에 낸 모든 비용이 공제받는 것은 아니다

어린이집·유치원비로 연 300만 원 이상 냈음에도 실제 공제금액은 200만 원이 채 안될 수 있다. 어린이집·유치원비 중 대부분은 공제 대상이 아니기 때문이다.

○ 어린이집 · 유치원비 공제 대상

대상	공제 대상	공제 대상이 아닌 경우
어린이집 비용	• 보육료 – 급식비, 간식비, 교구교재비, 인건비, 관리운영비 등이 포함된 금액 • 방과 후 수업료와 특별활동비(도서구입비는 포함하나 재료비는 제외)	• 입소비용, 차량운행비, 현장학습비 등의 비용은 제외 • 보육료를 지원받을 경우 지원금만큼은 공제 안 됨
유치원비	• 수업료, 급식비, 입학금, 공납금, 종일반 운영비 • 방과 후 수업료와 특별활동비(도서구입비는 포함하나 재료비는 제외)	• 원복 구입비, 차량비, 현장체험학습비 등은 공제 안 됨 • 정부지원금을 받을 경우 지원금은 공제 안 됨

어린이집 보육료·방과 후 수업료·특별활동비만 공제된다. 입소비·차량비·현장체험학습비·가방비 등은 제외된다. 참고로 보육료에는 급식비·교구교재비 등의 포함되어 있다. 유치원비로는 수업료·급식비·입학금·공납금·종일반운영비·방과 후 수업료·특별활동비가 공제된다. 이외 원복 구입비·차량비·가방구입비·현장체험학습비 등은 공제받지 못한다. 또한 자녀를 어린이집·유치원에 보내면서 정부의 지원금을 받을 경우, 해당 지원금은 공제 대상이 아니다.

₩ 학원 비용도 받을 수 있다

미술·음악·영어 학원이나 태권도장 같은 체육시설에 지불하는 수강료·급식비·특별활동비도 공제받을 수 있다. 신용카드나 현금영수증을 사용하여 납부하면 신용카드 소득공제를 함께 받을 수 있다.

○ 공제받는 학원비용

학원비	• 「학원의 설립 · 운영 및 과외교습에 관한 법률」에 따른 학원에서 주 1회 이상 실시하면서 월단위로 하는 수강료 · 급식비 · 특별활동비(학원에서 구입한 교재구입비와 학원 외에서 구입한 수업용 도서의 구입비 포함) 예) 미술, 음악, 영어, 바둑, 웅변, 서예, 무용 등의 학원비
체육시설	• 「체육시설의 설치 · 이용에 관한 법률」에 따른 체육시설업자가 운영하는 체육시설과 이와 유사한 체육시설(합기도장 · 국선도장 · 공수도장 · 단학장 등 유사 체육시설로서 사업자등록증 · 고유번호를 교부/부여 받은 자가 운영하는 체육시설에 한함)에서 주 1회 이상 실시하면서 월단위로 하는 수강료 · 급식비 · 특별활동비(학원에서 구입한 교재구입비와 학원 외에서 구입한 수업용 도서의 구입비 포함) • 국가, 지방자치단체 또는 「청소년활동진흥법」에 따른 청소년수련시설로 허가 · 등록된 시설을 운영하는 자가 운영(위탁운영을 포함)하는 체육시설에서 주 1회 이상 실시하면서 월단위로 실시하는 교습과정 수강료와 급식비, 특별활동비(학원에서 구입한 교재구입비와 학원 외에서 구입한 수업용 도서의 구입비 포함) 예) 태권도장, 합기도장, 수영장 등의 체육시설 비용

단, 〈공제받는 학원비용〉과 같이 법률에 따라 허가·등록을 받지 않은 학원비용은 공제받지 못하므로 사전에 확인해야 한다. 예를 들어, 방문 학습지 비용은 공제 대상이 아니다. 백화점·사회복지기관 등에 지출하는 교육비도 해당 백화점이 허가·등록을 받지 않았다면 공제받을 수 없다.

₩ 4가지는 반드시 주의!

어린이집·유치원비 공제에서 특히 4가지를 주의해야 한다. 먼저 어린이집은 「영유아보육법」에 따라 인가받은 곳만 공제 가능하다. 인가여부는 보건복지부(대표전화 129)에서 확인할 수 있다. 유치원은 국공립(시립·도립) 유치원과 인가받은 유치원이어야 공제받을 수 있다.

둘째, 어린이집·유치원 비용은 신용카드 소득공제를 받을 수 없기 때문에 지불수단은 내 경제상황에 맞게 선택하면 된다.

셋째, 정부에서 지원 받은 보육료 등은 소득공제 받지 못한다.

마지막으로, 어린이집·유치원이 폐업 예정이라면 미리 교육비 납입증명서를 발급받아야 한다. 계좌이체내역·현금영수증·신용카드전표 등으로는 소득공제를 받을 수 없기 때문이다.

05

자녀가 재학 중일 때, 공제받는 교육비와 금액은?

유상무가 박과장을 찾아와서 "혹시 대학원에 다니는 아들 등록금도 교육비로 공제받을 수 있나?"하고 물었다. 박과장은 "아쉽지만 대학원 등록금은 공제받을 수 없습니다. 초·중·고·대학교까지만 가능합니다"하고 답했다.

이에 함께 온 김부장이 "그럼 고등학생 학원비는 교육비공제 받을 수 있나요?"하고 물었다. 박과장은 "초·중·고·대학교에 다니는 자녀 학원비는 공제받을 수 없습니다"하고 설명해주었다.

₩ 초 · 중 · 고등학생은 300만 원, 대학생은 900만 원!

초·중·고등학생 교육비는 실제 지출한 금액의 15%를 공제한다(1명당 300만 원 이내). 자녀가 대학생이라면 1인당 연 900만 원 이내로 가능하다. 하지만 대학원생의 교육비는 공제를 받지 못한다. 교육비공제에 있어서 자녀 나이는 상관이 없지만, 연간 소득금액이 100만 원을 초과하면 받을 수 없다.

○ 공제대상과 교육비

대상	공제대상 교육비	공제대상금액	세액공제율
초 · 중 · 고생	초 · 중 · 고등학교 교육비	1명당 연 300만 원 이내에서 실제 지출한 금액	15%
대학생	대학교 교육비	1명당 연 900만 원 이내에서 실제 지출한 금액	15%
대학원생		소득공제 전혀 못 받음	–

₩ 초 · 중 · 고등학생 학원 비용은 공제 안 된다

초·중·고등학생 자녀 교육비 중 공제받을 수 있는 것은 다음과 같다. 수업료·입학금·공납금(육성회비·기성회비 등), 방과 후 학교수업료(특별활동비·도서구입비 포함), 급식비·교과서대금(학교에서 구입한 것에 한함), 중·고생 교복비(1인당 연 50만 원 이내), 학교에서 교육과정으로 실시하는 수련활동·수학여행 등 현장체험학습비(1인당 30만 원)다. 그러나 학원비·태권도장 등 비용은 대상이 아니다.

○ 공제대상 학교와 교육비

공제대상 학교	공제대상 교육비	공제 못 받는 경우
초 · 중 · 고등학교, 인가받은 대안학교 · 외국인 학교 · 특수학교	• 수업료, 입학금, 공납금(육성회비 · 기성회비 등), 교과서 구입비 • 방과 후 학교 수업료(특별활동비 · 도서구입비 포함) • 「학교급식법」에 의한 급식비(우유급식 등) • 현장체험학습비(수련활동 · 수학여행 등 1인당 30만 원) • 교복구입비(중고생 1인당 50만 원 이내)	학원비 · 체육 시설비 · 졸업앨범비 등

자녀가 대안학교·외국인학교에 다니면서 지출한 교육비도 공제받을 수 있다. 단, 대안학교·외국인학교가 인가받은 경우에 가능하다.

₩ 대학생 공제 비용은?

대학생 자녀 교육비 중 공제를 받을 수 있는 항목은 수업료·입학금·공납금이다. 계절학기 수업료도 가능하다. 하지만 기숙사비·하숙비·학원비·보충수업비·동창회비·학생회비·식비·교재구입비 등은 불가능하다.

○ 공제받는 대학교 종류

대학교	대학, 산업대학, 교육대학, 전문대학, 방송대학, 통신대학, 기술대학 등	수업료, 입학금, 공납금, 계절학기 수업료만 교육비공제
특별법에 의한 학교	과학기술대학, 경찰대학, 육군 · 해군 · 공군사관학교, 한국예술종합학교, 기능대학 등	
사이버대학 등	「평생교육법」에 의한 원격대학(일명 사이버대학) 독학 · 학점인정제 학위취득과정	

교육비로 공제를 받을 수 있는 대학에는 사이버대학(「평생교육법」에 의한 원격대학), 교육과학기술부장관이 학점인정학습과정으로 평가·인정한 교육과정, 「독학에 의한 학위취득에 관한 법률」 시행령에 의한 교육과정이 포함된다.

06

내 아이 유학비용도 환급 가능할까?

유상무가 박과장에게 물었다. "둘째 아들이 외국 고등학교로 유학을 가 있는데 교육비공제를 받을 수 있나?" 박과장은 친절히 설명했다. "가능합니다. 우리나라 초·중·고·대학교에 해당하는 교육기관에 지출한 교육비는 공제받을 수 있습니다. 고등학생·대학생은 별도의 유학 자격조건도 없습니다"

₩ 해외 유학비도 돌려받을 수 있다

자녀·배우자 등 가족과 직장인 본인의 유학비도 공제받을 수 있다. 당사자는 대학원 교육비까지 공제 가능하고 금액 한도가 없다. 다만, 요건을 갖춰야 한다. 자녀·배우자·형제자매가 유치원·초·중·고등학교에 다닌다면 1인당 연 300만 원 이내에서 실제 지출한 금액, 대학교면 1인당 연 900만 원 이내에서 실제 지출한 금액의 15%를 공제 받을 수 있다.

○ 유학비 공제 금액과 한도

구분	공제대상 교육비	공제대상금액 한도
직장인 본인	초 · 중 · 고 · 대학교 · 대학원	지출한 금액 전액 공제
자녀 · 배우자 형제자매	유치원 · 초 · 중 · 고 · 대학교	– 유치원 · 초 · 중 · 고: 1인당 연 300만 원 이내 – 대학교: 1인당 연 900만 원 이내

외국 대학부설 어학연수과정은 교육비공제 대상이 아니다. 또한 국외일지라도 취학 전 아동의 학원·체육시설 수강료도 불가능하다.
국외교육비를 송금할 때에는 해외 송금일의 대고객 외국환매도율을 적용한다. 국외에서 직접 납부하는 경우 납부일의 기준환율(재정환율)을 적용한다.

₩ 국내 근무? 국외 근무?

직장인이 어디에서 근무하느냐에 따라 해외교육비공제가 다를 수 있다. 직장인이 국외 근무할 경우, 자녀 교육비는 별도 요건 없이 공제받을 수 있다. 그러나 직장인이 국내 근무할 경우에는 이와 다르다. 자녀가 취학 전 아동·초등학생·중학생인 경우 〈유학자격 요건〉을 갖추어야 공제받을 수 있다.
제출 서류는 다음과 같다. 국외교육비납입영수증과 국외교육기관임을 증명하는 서류다. 근로자가 국내에 근무하는데 자녀가 취학 전 아동·초등학생·중학생일 경우, 국외교육비공제대상임을 입증하는 서류를 추가로 제출해야 한다. 〈유학 관련 제출 서류〉를 참고하라.

○ 유학자격 요건

①「국외유학에 관한 규정」 제5조에 따른 자비유학의 자격이 있는 자
: 해당 국외교육기관으로부터 입학허가 또는 초청을 받는 자로서 유학 떠날 당시 중학교 졸업 이상 학력자/이와 동등 이상의 학력이 인정되는 자 혹은 교육장/국립국제교육원장의 유학인정을 받은 자

②「국외유학에 관한 규정」 제15조에 따라 유학하는 자로서 부양의무자와 국외에서 동거한 기간이 1년 이상인 자

○ 유학 관련 제출 서류

①「국외유학에 관한 규정」 제5조에 따른 자비유학의 자격이 있는 자
- 중학교 졸업 이상의 학력이 있거나 이와 동등 이상의 학력이 있다고 인정되는 자는 학력인정 서류(졸업장 사본 등)
- 교육장으로부터 유학인정을 받은 자는 교육장이 발급하는 국외유학인정서
- 국립국제교육원장의 유학인정을 받은 자는 국제교육진흥원장이 발급하는 국외유학 인정서

②「국회유학에 관한 규정」 제15조에 따라 유학을 하는 자로서, 부양의무자와 국외에서 동거한 기간이 1년 이상인 자임을 입증할 수 있는 서류(재외국민등록부등본 등)

07

본인 · 배우자 · 형제자매 교육비도 놓치지 마라

막내 신입이 "과장님! 제가 동생 대학교 등록금을 내줬는데 혹시 공제받을 수 있나요? 동생은 20세가 넘었어요"하고 박과장에게 물었다. 박과장은 "당연히 가능하지"하고 답했다. 그러자 옆에 있던 김대리가 "과장님 그럼 와이프 대학교 등록금도 가능한가요?"하고 물었다.

박과장은 "그것도 가능해. 대학원은 안 되지만 대학교까지는 가능해" 하고 설명을 해주었다. 그러자 신입이 질문했다. "그럼 직장인 본인은 대학원 교육비도 가능한가요?" 박과장은 "응. 직장인 본인은 대학원 교육비도 공제받을 수 있어"라며 답했다.

₩ 배우자, 형제자매의 교육비도 잊지 말자

직장인 당사자 교육비는 전액 공제대상이다. 지출 금액의 15%를 공제받을 수 있다. 대학원, 대학의 시간제 과정도 가능하며, 직업능력개발 훈련비용도 자신이 부담했다면 가능하다.

교육비공제대상 및 금액

대상	공제대상 교육비	공제대상금액
직장인 본인	초 · 중 · 고 · 대학교와 대학원, 직업능력 훈련비용, 시간제과정	전액
배우자 · 형제자매	초 · 중 · 고 · 대학교	– 초 · 중 · 고: 1인당 연 300만 원 – 대학교: 1인당 연 900만 원
직계존속	–	공제불가

배우자·형제자매의 경우, 초등학교~대학교까지의 교육비를 공제받을 수 있다. 자녀와 마찬가지로 초·중·고교는 1인당 연 300만 원, 대학교는 1인당 연 900만 원으로, 실제 불입액에 15%를 세액공제 받는다. 당사자의 형제자매뿐만 아니라 배우자의 형제자매도 가능하며, 나이는 상관없다. 하지만 직계존속 교육비는 전혀 공제받지 못한다.

또한 배우자·형제자매 연간소득이 100만 원을 초과하면 공제받을 수 없다. 참고로 근로소득만 있는 경우, 1년간 총급여액 500만 원 이하면 연소득 100만 원 이하에 해당한다. 형제자매는 원칙적으로 동일주소에서 함께 생활해야 한다. 하지만 취학 등의 사유로 잠시 떨어졌다하더라도, 실제 부양하고 있으면 된다.

₩ 내가 내 돈 내고 교육 받았다면?

직업능력개발 훈련시설에 지급한 수강료는 전액 공제받을 수 있다. 다만 「고용보험법」에 따라 수강지원금을 받는 경우, 이를 차감해야 한다. 비용을 공제받을 수 있는지에 관해서는 해당 훈련기관에 문의하거나 고용노동부 직업능력개발훈련정보망(http://www.hrd.go.kr → 직업훈련소개 → 훈련기관 보기)에서 확인하면 된다.

08

학자금 지원·대출도 공제 가능할까?

유상무가 박과장을 다시 찾아와서 "회사에서 아들 학자금을 지원받았는데, 아들이 학교에서 장학금도 받았어. 아무런 문제가 없을까?"하고 물었다. 박과장은 "장학금을 제외한 실제 납입 교육비만 공제받아야 합니다. 회사에서 지원받은 학자금은 상무님 급여에 포함되어 소득세를 내기 때문에 교육비공제에 문제가 없습니다. 장학금은 실제 부담하지 않았기 때문에 교육비에서 제외해야 하는 것이고요."하고 설명해주었다.

그러자 막내 신입도 박과장에게 질문했다. "과장님! 저 대학 다닐 때 학자금 대출을 받았거든요. 그런데 학자금 대출 원리금을 상환하면 교육비공제를 받을 수 있다고 해서요. 학자금 대출 받은 건 2017년 이전이에요." 이에 박과장은 "혹시 아버님께서 자네 대학 다닐 때 대학교 등록금에 대해 교육비공제를 받으셨는지 여쭤보게. 2016년 12월 31일 이전 학자금 대출이라면 부모님이 공제받은 경우가 있지. 그러면 자네가 상환하더라도 공제받을 수 없어"하고 친절히 답해주었다.

회사에서 학자금이나 장학금을 지원받은 경우

자녀 학자금·장학금 등을 지원받아 교육비를 납부한 경우 공제는 어떻게 될까? 소득세·증여세의 비과세 여부에 따라 달라진다.

교육비공제 여부

소득세나 증여세가 비과세되는 경우	– 사내근로복지기금으로부터 받은 장학금 – 재학 중인 학교에서 받는 장학금 – 국외공무원 자녀 등에 대한 장학금 – 기타	교육비공제 불가
소득세나 증여세가 과세되는 경우	회사에서 지원하는 자녀 학자금 등	교육비공제(단, 학자금은 급여에 포함되어 소득세 과세)

사내근로복지기금에서 받는 장학금처럼 소득세·증여세가 비과세된다면 교육비공제를 받을 수 없다. 따라서 해당 학자금·장학금은 교육비에서 차감해야 한다. 그러나 회사에서 지원하는 학자금처럼 소득세가 과세되는 경우라면 공제받을 수 있다.

학자금 대출 공제받는 항목

학자금 대출 받은 본인이 취업 후 상환하는 때에는 교육비공제가 가능하다. 다만, 2016년 12월 31일 이전 대출의 경우 부모 등이 교육비공제를 받았을 수 있다. 이때 2017년 이후 상환하는 학자금에 대해서는 공제받을 수 없다. 학자금 대출의 원리금상환액에 대해 세액공제 받는 항목은 다음과 같다.

- 한국장학재단에서 취급하는 취업 후 상환 학자금 대출과 일반상환 학자금 대출
- 「농어업인 삶의 질 향상 및 농어촌지역 개발촉진에 관한 특별법 시행령」 제17조 제1항 제4호에 따른 학자금 융자지원 사업의 학자금 대출
- 「한국주택금융공사법」에 따라 한국주택금융공사가 금융기관으로부터 양수한 학자금 대출
- 「한국장학재단 설립 등에 관한 법률」 제2조 제3호의2에 따른 전환 대출
- 「한국장학재단 설립 등에 관한 법률」 제2조 제4호의2에 따른 구상채권 행사의 원인이 된 학자금 대출
- 법률 제9415호 「한국장학재단 설립 등에 관한 법률」 부칙 제5조에 따라 승계된 학자금 대출

대출금의 상환 연체 때문에 추가로 지급하는 금액, 대출 원리금 중 감면·면제 받은 금액, 지자체 등으로부터 학자금을 지원받아 상환한 금액은 교육비공제 대상이 아니다.

13번째 월급을 찾아라

부모 의료비, 누가 공제받아야 할까?

김대리가 "이번에 아버지께서 수술하셔서 치료비가 많이 나왔거든요. 그래서 형제들이 나누어서 내기로 했습니다. 제 생각에는 삼형제가 나눠낼 때 큰 형은 의료비공제를 받지만 작은 형과 저는 의료비공제 못 받을 것 같아서 큰 형한테 이 얘기를 했더니 버럭 화를 내더라고요. 제 말이 맞지 않나요?"라고 물었다. 이 이야기를 들은 박과장은 "김대리 말이 맞기는 해. 아버님 의료비를 형제가 나누어 내도 아버님 부양가족공제를 받는 큰 형만 의료비를 공제받지. 작은 형과 김대리 의료비는 허공으로 날아가. 그런데 김대리가 그렇게 말하면 큰 형이 오해할 만하지 않을까?"하고 조심스럽게 말했다.

① 부모 의료비는 부양가족공제 받는 사람이 결제해야 공제받는다

부모나 조부모 등의 직계존속(배우자의 직계존속 포함)이 아파서 치료를 받을 때 보통 형제자매들이 일정금액씩 각출하여 의료비를 부담한다.

이런 경우 대부분 의료비공제를 받지 못하는 결과 발생한다. 왜 이런 결과가 발생할까? 사례를 통해서 살펴보자.

○ 의료비 공제 사례

Q. 아버지가 암 진단을 받고 병원에 입원해서 3년간 치료를 계속 받다가 돌아가셨다. 수술비, 입원비 등 치료비 3,000만 원이 나와서 3형제가 1,000만 원씩 나누어 부담했다. 장남이 아버지를 계속 모시고 살았다면 의료비공제는 어떻게 되는가?

A. 장남은 자신이 부담한 1,000만 원에 대해 의료비공제 받을 수 있다. 아버지와 함께 생계를 같이 한 사람은 장남이므로 장남만 의료비공제를 받는다. 차남과 삼남은 아버지와 생계를 같이 하지 않기 때문에 공제를 전혀 못 받는다.

〈의료비 공제 사례〉 같이 부양가족, 특히 부모 등 직계존속이 수술을 받거나 입원해서 나온 의료비의 공제금액을 최대로 하려면 어떻게 해야 할까? 세법상으로는 부모와 생계를 함께 하는 직장인이 의료비 전액을 자신의 통장·신용카드로 지출해야 한다. 예를 들어, 〈의료비 공제 사례〉에서 장남이 3,000만 원을 자신 명의의 통장이나 신용카드로 전액 지급하면 된다.

맞벌이 직장인이면 연봉 낮은 사람이 부부 의료비를 받자

맞벌이 이과장이 "과장님! 다음 연도 연말정산을 준비할 때 남편과 제 의료비를 배분하는 게 좀 어려워요. 연봉이 낮은 사람한테 몰아줘야 하나요?"하고 박과장에게 조언을 구했다. 그러자 박과장은 다음과 같이 조언해주었다. "그렇지 않습니다. 맞벌이는 어려워요. 우선 부양가족 의료비가 얼마나 되는지 보셔야 합니다. 만약 부양가족 의료비가 미미하다면 부부 의료비는 연초부터 한 사람이 결제해야 합니다. 문제는 부양가족 의료비가 적지 않을 때예요. 부양가족 의료비는 부양가족공제를 받는 사람이 모두 내야 하기 때문에 배분이 쉽지 않아요. 부양가족공제를 어느 한 사람이 받는다면 그 사람에게 부부 의료비도 몰아줘야 합니다. 그런데 부양가족공제를 나누어서 받는 경우가 있죠. 이때는 시뮬레이션해봐야 합니다"

① 부부 의료비는 지출한 사람이 모두 공제받는다

맞벌이라면 의료비 지출을 어떻게 하는가에 따라 세금환급액이 적을 수도, 클 수도 있다. 맞벌이 부부 의료비는 실제 지출한 자가 세액공제를 받을 수 있다. 예를 들어, 남편 의료비를 아내가 지급했다면 아내가 의료비공제를 받는다. 이 점을 잘 활용하면 부부의 세금을 절세할 수 있다.
하지만 잘못 적용하면 오히려 손해가 발생할 수도 있다. 중요한 것은 부양가족의 의료비다. 부양가족 의료비가 있는가 없는가에 따라 부부 의료비의 지출자를 정해야 한다. 또한 부양가족 의료비도 한 사람에게 몰아서 공제받거나 하면 전체적으로 손실이 발생할 수도 있다.

② 부양가족 의료비가 없거나 적다면 연초부터 연봉이 적은 배우자가 지출하라

부양가족 의료비가 없거나 적어서 의료비 총액(매년 평균 금액)이 부부 연봉합계의 3% 이하라고 해보자. 이때 부부 의료비는 남편, 아내 중

한 사람이 지출하는 것이 좋다. 이때 지출자는 연봉이 적은 배우자여야 한다. 연봉이 많은 사람으로 하면 오히려 손실이 발생할 수 있다. 다만, 결정세액이 의료비 세액공제액보다 적은 경우에는 연봉이 많은 배우자가 공제받아야 유리할 수 있다.

○ 맞벌이 부부 의료비공제 계획 1

연봉 4,000만 원인 남편과 연봉 3,500만 원 아내의 의료비를 제외한 결정세액 · 의료비 현황은 아래와 같다. 의료비 지급자가 [상황 1], [상황 2], [상황 3]일 때 의료비공제액과 세금환급액은 각각 얼마인가?

	결정세액 (의료비 제외)	의료비
남편	120만 원	100만 원
아내	200만 원	100만 원

의료비 지급자		
[상황 1]	[상황 2]	[상황 3]
남편 지급	남편 지급	아내 지급
아내 지급	남편 지급	아내 지급

	[상황1]		[상황 2]		[상황 3]	
	남편	아내	남편	아내	남편	아내
공제대상액	0	0원	80만 원	0원	0원	95만 원
세금환급액 (각자)	0	0	13만 2,000원	0	0	15만 6,750원
세금환급액 (합계)	0		13만 2,000원		15만 6,750원	

〈맞벌이 부부 의료비공제 계획 1〉에서 남편·아내의 의료비 총 200만 원을 각자 공제받으면, 남편·아내 모두 의료비는 총급여의 3% 이하이므로 공제를 받지 못한다. 그런데 의료비를 연봉 높은 남편이 모두 결제하면 의료비공제 대상액은 80만 원(=200만 원-총급여 3%인 120만 원)으로 세금환급액은 13만 2,000원(지방소득세 포함, 80만 원×16.5%)이다.

반대로 연봉 낮은 아내가 의료비를 모두 지출하면 공제대상 의료비는 95만 원(=200만 원-3,500만 원×3%)이고, 세금환급액은 15만 6,750원으로 남편이 공제받을 때보다 많다.

③ 부양가족공제 받는 사람이 의료비를 지출하는 경우

부양가족 의료비가 적지 않다면, 부양가족공제 받는 사람이 부부 의료비를 지출하는 게 세금환급액이 더 크다. 다만, 그렇게 배분했을 때 결정세액 0원이 나온다면, 부양가족공제를 받지 않는 사람이 부부 의료비를 지출하는 게 더 나을 수 있다.

○ 맞벌이 부부 의료비공제 계획 2

연봉 4,000만 원인 남편과 연봉 3,500만 원 아내의 의료비를 제외한 결정세액과 의료비 현황은 아래와 같다. 의료비 지급자가 [상황 1], [상황 2], [상황 3]과 같을 때 의료비공제액과 세금환급액은 각각 얼마인가? 단, 부양가족 의료비는 남편에게 모두 반영되었고 총급여의 3%를 넘는다.

	결정세액 (의료비 제외)	의료비
남편	100만 원	100만 원
아내	200만 원	200만 원

의료비 지급자		
[상황 1]	[상황 2]	[상황 3]
남편 지급	남편 지급	아내 지급
아내 지급	남편 지급	아내 지급

	[상황1]		[상황 2]		[상황 3]	
	남편	아내	남편	아내	남편	아내
공제대상액	100만 원	95만 원	300만 원	0원	0원	195만 원
세금환급액 (각자)	16만 5,000원	15만 6,750원	49만 5,000원	0	0	32만 1,750원
세금환급액 (합계)	32만 1,750원		49만 5,000원		32만 1,750원	

〈맞벌이 부부 의료비공제 계획 2〉에서 보는 바와 같이 남편이 부양가족공제를 받고 있는 상황에서 부부 의료비 300만 원을 남편·아내가 각각 공제받을 때 환급액은 32만 1,750원이다. 부양가족공제를 받지 않는 아내가 부부 의료비 300만 원을 공제받을 때에도 세금환급액은 32만 1,750원이다. 그런데 부양가족공제 받는 남편이 부부 의료비 300만 원을 모두 공제받게 되면 환급액은 49만 5,000원으로 가장 많다.

부양가족공제를 부부가 나누어 받고 있다면 3가지로 나누어 시뮬레이션해야 한다. 예를 들어, 부모공제는 남편이, 자녀공제는 아내가 받는다고 하자. 이때 부부 의료비는 어떻게 지출해야 할까? 부부 의료비를 남편이 모두 받을 때, 아내가 모두 받을 때, 나눠서 받을 때로 구분해 실제 계산해봐야 한다. 3가지 중 부부 세금 합계액이 가장 적은 쪽으로 하면 된다.

④ 각자 지출한 의료비를 한 사람이 모두 공제신청하면 세금이 추징될 수 있다

연말정산 때 실제 지출자와 상관없이 합산하여 의료비공제 신청하는 사례가 종종 있다. 이 경우 아내는 남편이 지출한 의료비의 공제를 받을 수 없으며, 공제받은 경우 과다공제로 가산세와 함께 세금이 추징된다. 따라서 연말정산 시점에 몰아서 하지 말고 연초에 미리 지출자를 정한 후 지키는 것이 좋다.

사업자 – 직장인 맞벌이 부부의 의료비는 직장인이 결제하라

마케팅부 최부장이 "과장님! 아내가 사업자인 경우에도 맞벌이 직장인 부부와 동일하게 의료비 배분을 해야 하나요?"하고 물었다. 이에 박과장은 "사모님께서 성실사업자라면 맞벌이 직장인과 동일하게 하시면 됩니다. 그러나 성실사업자가 아니라면 가급적 직장인 배우자가 부양가족공제와 함께 의료비공제도 받는 게 낫습니다"하고 조언해 주었다.

① 성실사업자–직장인 부부라면 맞벌이 부부와 동일하게 의료비를 배분하면 된다

성실사업자는 가족이 지출한 보험료·신용카드 사용액을 공제받지 못하는 것 외에는 직장인과 동일하게 공제받는다. 다만, 기부금은 세액공제가 아닌 필요경비이므로 수입금액에서 차감된다. 따라서 성실사업자–직장인 부부인 경우, 부부 의료비는 맞벌이 직장인 부부와 동일하게 배분하면 된다(자세한 내용은 168~173쪽 참조).

② 일반사업자–직장인 부부라면 직장인 배우자가 부부 의료비를 지출하는 게 낫다

성실사업자가 아닌 일반사업자는 직장인이 받을 수 있는 신용카드 사용액·의료비·교육비·보험료를 공제받을 수 없다. 따라서 직장인 배우자가 부부 의료비를 모두 지출하는 게 좋다.

맞벌이 부부의 교육비 연말정산 전략은?

이과장이 박과장을 찾아와 물었다. "과장님 자녀 교육비를 남편과 저 중에 누가 공제받아야 하나요?" 박과장이 "네? 그건 저번에 부양가족 배분할 때 설명 드렸잖아요?"하자, 이과장은 "그건 부양가족 배분이잖아요. 자녀 교육비는 별개 아닌가요?"하고 물었다. 이에 박과장은 다시 설명해주었다. "부양가족배분과 자녀 교육비는 따로 떼어내서 부부가 각자 공제받을 수 있는 게 아니에요. 남편분이 장남의 부양가족공제를 받았다면 장남 교육비도 남편분이 받아야 해요. 아내분이 장남 교육비만 별도로 떼어내서 받을 수 없어요. 부양가족공제와 해당 가족의 의료비, 교육비 등 각종 비용은 함께 따라가는 겁니다"

① 부부 교육비는 각자 지출해야 한다

남편의 교육비는 남편이, 아내의 교육비는 아내가 지출해야 한다. 서로 엇갈려 지출하면 공제를 전혀 못 받기 때문이다. 예를 들어, 남편 교육비 300만 원을 아내 체크카드로 결제했다면 남편과 아내 모두 교육비를 공제받지 못한다.

② 부양가족 교육비는 부양가족공제 받는 사람이 공제받아야 한다

예를 들어, 장남은 남편이, 차남은 아내가 부양가족공제를 받는다고 하자. 장남 교육비는 남편이, 차남 교육비는 아내가 받아야 한다. 따라서 자녀·형제자매 교육비에 대한 맞벌이 부부의 세테크 전략은 '부양가족 배분'의 문제다. 교육비만 따로 떼서 절세할 수 없기 때문이다.

③ 부양가족을 잘 배분해야 한다

교육비를 포함한 부부간 결정세액이 비슷하도록 부양가족을 배분해야 한다. 먼저 부모·자녀 등 부양가족을 제외한 과세표준을 계산하자. 이후 부양가족을 남편과 아내에게 배분한다. 이때 과세표준이 아닌 결정세액이 비슷하도록 배분해야 한다(자세한 내용은 101~106쪽 참조).

장애인 교육비는 요건을 잘 봐야한다

박대리가 조심스럽게 물었다. "아이에게 청각장애가 있어서 수술하고 난 후 언어치료를 해야 하거든요. 수술은 병원에서 하기 때문에 전액 의료비공제가 가능한데, 언어치료는 의료기관이 아니라서 공제가 안된다고 하네요. 혹시 연말정산에 도움이 될 수 있는 방법이 없을까요?" 이에 박과장은 "가능하니 너무 걱정하지 말게나. 연말정산에 장애인 특수교육비라는 항목이 있어. 만18세 미만 장애아동발달재활비용은 교육비로 전액 공제받을 수 있지. 그게 아니라도 사회복지시설이나 비영리법인에서 한 장애인 재활치료 비용은 나이 제한 없이 전액 교육비로 공제받을 수 있다네"하고 상세하게 알려주었다.

① 장애인 재활교육비용은 금액 한도 없이 전액 공제된다

장애인의 재활교육비용은 전액 교육비로 하여 공제를 받을 수 있다. 이때 장애인은 나이·소득이 상관없으며, 부모의 재활교육비용도 포함한다. 예를 들어, 초등학생 자녀의 재활을 위해 1,000만 원을 지출

했다면 1,000만 원의 15%인 150만 원을 교육비로 세액공제받을 수 있다.

② 장애시설의 조건이 따로 있다

국내외 소재하는 사회복지시설·장애인재활교육기관으로 인정받은 비영리법인이어야 한다. 외국에 있는 시설 또는 법인에 지출한 금액도 교육비에 해당한다.

③ 장애아동발달재활 비용은 만18세 미만자만 가능하다

장애인의 기능향상과 행동발달을 위한 발달재활 서비스 제공 기관이어야 한다. 「장애아동복지 지원법」에 따라 지방자치단체가 지정한 발달재활 서비스 제공기관에 지출하는 비용은 전액 교육비로 세액공제받을 수 있다. 단, 해당자가 만18세 미만이어야 한다.

PART 5

내 보험료와 기부금도 돌려준다고?

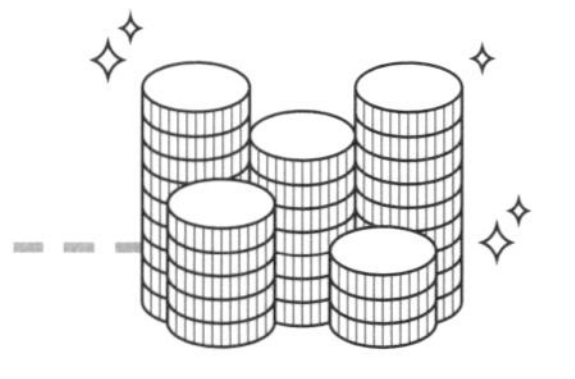

01

보험료공제 12만 원을 찾아라

이대리가 박과장에게 "과장님 보험료 세액공제에 주택임차보증금보험료도 공제받을 수 있다는 게 사실이에요?"하고 물었다. 박과장은 "주택임차보증금보험료도 보험료에 포함하여 세액공제를 받을 수 있는 거지, 추가로 보험료공제를 더 해주는 건 아니라네. 일반적으로 보장성 보험료만으로도 대부분 연 100만 원이 넘지. 그러면 주택임차보증금보험료를 넣지 않아도 최대로 받을 거야"하고 설명해주었다.

설명을 들은 이대리가 잘 모르겠다는 표정으로 "그런데 왜 굳이 주택임차보증금보험료를 보험료 세액공제에 넣은 거예요?"하고 묻자, 박과장은 "미혼 직장인은 보험료 연 100만 원이 안 되는 경우가 많고 전세나 월세로 거주하는 경우도 많아. 그런 사람들에게는 유용할 수 있겠지?"라며 설명해주었다.

₩ 보장성 보험과 주택임차보증금보험료

보장성 보험이란 만기환급 금액이 납입보험료를 초과하지 않는 보험이다. 피보험자의 사망·실병·부상·기타 신체의 상해로 인해 보험금을 받거나 자산의 멸실·손괴로 받는 보험을 말한다.

여기서 피보험자는 부양가족공제 대상자여야 한다. 보험에는 생명보험·상해보험·손해보험·농협·수협·신협·새마을금고·군인공제회·한국교직원공제회 보험 등이 포함된다. 구체적 상품을 보면 사망보험상품(종신보험·정기보험·변액종신보험 등), 건강보험상품(암보험·의료비보험 등), 자동차보험 등 각종 실손보험·상해보험·손해보험상품이다.

또한 보증대상 임차보증금이 3억 원 이하인 주택임차보증금보험료는 보장성 보험료와 합한 금액(한도 연 100만 원)의 12%를 공제받을 수 있다. 지방소득세 포함 시 13.2% 환급받는다.

주의 사항은 주계약에 더해지는 보장성 특약상품도 보장성 보험에 포함된다는 것이다. 예를 들어, 저축성 보험에 암특약·사망특약·상해특약 등을 추가했다면 주계약인 저축성 보험료는 공제받지 못한다. 하지만 보장성 특약보험료는 공제를 받을 수 있다.

₩ 보험료공제 때문에 더 큰 것을 놓치지 말라

보험료공제는 부수적인 것이다. 종신보험, 정기보험 등 사망보험의 보험료는 연 100만 원 이내에서 지출한 보험료의 12%를 공제받는다. 월 보험료로 최대 12만 원(지방소득세 포함 시 13만 2,000원)을 받을 수 있다. 따라서 문제는 보험의 보장이 충분한가다.

예를 들어, 사고가 나서 내 보험금을 가족이 수령한다고 하자. 그 후 가족이 남은 생활을 충분히 잘 할 수 있을지 생각해보라. 이렇듯 종신 보험 등 사망보험에서 보험료 세액공제혜택보다는 보장내용이 얼마나 되는지가 중요하다.

02

계약자와 피보험자 설정 잘못하면 큰일 난다고?

이대리가 머뭇거리면서 박과장에게 물었다. "과장님! 사망보험과 실손보험료로 월 15만 원정도 나가는데 보험료공제액은 12만 원이 아니라 8만 6,400원 밖에 안돼요. 왜 그런 건가요?" 이에 박과장은 "가입한 보험은 보장성 보험이 맞는데, 보험계약자와 피보험자 설정이 문제라 그렇지. 계약자가 자네 본인이거나 소득 없는 부양가족이어야 해. 피보험자는 자네 또는 부양가족공제 대상자여야 하지"하고 추가 설명해주었다. 그러자 이대리가 "그럼 피보험자가 소득 있는 아버지면 제가 계약자라도 보험료공제를 받을 수 없겠네요?"하고 물었다. 이에 박과장은 "그렇지"하고 답변했다.

₩ 보험계약자의 조건은?

보험계약자는 직장인 본인 또는 소득이 없는 자(연소득 100만 원 이하)여야 한다. 피보험자는 직장인 본인 또는 부양가족공제 대상자여야 보험료 세액공제를 받을 수 있다. 소득 없는 자가 계약자일 때 보험료를 부담하는 자는 직장인 본인이어야 한다. 만약 피보험자가 부양가족공제 대상자가 아니라면 본인이 계약자로 보험료를 납입하더라도 세액공제를 받을 수 없다.

○ 보험료공제 조건

계약자	피보험자	수익자	보험료 공제
직장인 본인, 소득 없는 자	직장인 본인 또는 부양가족공제 대상자	누구라도 상관없음	공제
소득 있는 자	직장인 본인 또는 부양가족공제 대상자	–	공제 불가
직장인 본인, 소득 없는 자	부양가족공제 대상자가 아닌 자	–	공제 불가

예를 들어, 〈보험료공제 사례〉에서 공제가 어떻게 되는지 보자. 결론부터 말하면 사례 1, 사례 2는 보험료공제를 받을 수 있으나, 사례 3은 불가능하다.

○ 보험료공제 사례

	계약자	피보험자	실제 불입자	비고
사례 1	직장인 본인	직장인 본인	직장인 본인	
사례 2	父	父	직장인	아버지(소득 없고 만60세): 부양가족공제 대상자
사례 3	직장인	父	직장인	아버지: 연소득금액 1,000만 원

사례 1은 직장인 본인이 계약자, 피보험자로 보험료공제를 받을 수 있

다. 사례 2에서 계약자, 피보험자인 아버지는 연소득 100만 원 이하, 만60세로 직장인의 부양가족공제 대상자다. 따라서 직장인 본인이 보험료를 공제받을 수 있다. 그러나 사례 3의 경우, 직장인이 보험료를 납입하지만, 피보험자인 아버지의 연소득이 100만 원을 초과하기 때문에 부양가족공제 대상자가 아니다. 따라서 사례 3은 공제받을 수 없다.

03

장애인전용보장성 보험료는 추가 공제받는다

박대리가 "과장님, 장인어른께서 암수술 받으셔서 연말정산에서 장애인공제를 받았는데, 장인어른의 보험료에 대해서 장애인보험료 세액공제를 받지 못했습니다. 어떻게 해야 하나요?"하고 물었다. 박과장은 미소를 띠면서 "장인어른께서 가입한 보험이 장애인전용 보험이 아니라서 그렇다네. 장애인전용 보험료 공제는 장애인전용보장성 보험에 가입한 경우에만 가능하거든"하고 답변해주었다.

박대리는 "그럼 장인어른께서 장애인전용보장성 보험에 가입하면 되나요?"하고 물었다. 박과장은 "장애인전용보장성 보험은 따로 해당되는 조건의 장애인만 가입할 수 있어서 일반 암환자는 가입할 수 없을 거야"하고 설명을 해주었다.

₩ 장애인보험료, 최대 15만 원까지 받는다

본인·부양가족공제 대상자 중 장애인을 피보험자·수익자로 하는 장애인전용보장성 보험에 납입한 보험료는 최대 15만 원을 세액공제 받을 수 있다.

장애인전용보장성 보험은 피보험자가 「장애인복지법」 제32조에 따른 자 혹은 「국가유공자등 예우 및 지원에 관한 법률」 제6조에 따른 자여야 가입할 수 있다. 암환자는 세법상 장애인이지만, 앞의 법률상 장애인은 아니기 때문에 가입할 수 없다.

장애인전용보장성 보험은 납입 보험료의 연 100만 원 한도 내에서 15% 금액을 공제받을 수 있다. 단, 일반보장성 보험과 장애인전용보장성 보험 동시에 해당할 경우, 중복 적용받지 못한다.

○ 장애인보험료 공제액

장애인전용보장성 보험료	세액공제 대상금액 한도	세액 공제율
본인 · 부양가족공제 대상자 중 장애인을 피보험자나 수익자로 하고 만기 환급 금액이 납입 보험료를 초과하지 않는 보험(장애인전용보장성 보험)의 보험료	연 100만 원	15%

장애인전용 보험은 보험계약 혹은 보험료 납입영수증 등에 '장애인전용 보험'으로 표시되어야 한다.

04

정당후원금, 10만 원까지 전액 돌려받는다고?

막내 신입이 "과장님, 정당에 10만 원을 후원하면 모두 돌려받는다 게 사실인가요?"하고 물었다. 박과장은 "그렇지. 기부금 10만 원에 대해서 110분의 100을 곱한 금액을 정치자금기부금으로 공제받을 수 있으니까"하고 설명해주었다.

신입은 "에이 10만 원이 안 되잖아요? 10만 원에 110분의 100을 곱하면 세액공제액은 9만 909원인데요?"하고 불만스러운 표정을 지었다. 박과장이 "9만 909원에 대한 10%는 지방소득세로 추가해서 돌려받지"하고 말하자, 막내 신입은 "어? 정말 10만 원이네. 헤헤"하고 웃으며 말했다.

₩ 정당후원 금액은 기부금공제를 받는다

「정치자금법」에 따라 정당(같은 법에 따른 후원회, 선거관리위원회 포함)에 기부한 정치자금은 공제받을 수 있다. 해당 과세연도 소득에서

10만 원까지는 기부금액의 110분의 100을, 10만 원을 초과한 금액에 대해서는 해당 금액(근로소득금액이 한도)의 15%(해당 금액이 3,000만 원을 초과하는 경우 초과분에 대해서는 25%)를 종합소득산출세액에서 공제한다. 직장인 본인의 정당후원금만 공제받을 수 있음에 주의하자. 즉, 부양가족이 정치자금기부금을 내더라도 공제받을 수 없다.

정치후원금 공제액

구분	공제 대상금액	세액공제액
10만 원 이하	최소 금액 [기부금, 10만 원 중]	기부금 $\times \frac{100}{110}$
10만 원 초과 금액	최소 금액 [10만 원 초과 금액, 근로소득금액 중]	– 3,000만 원 이하 → 기부금공제 대상금액×15% – 3,000만 원 초과 금액 → 초과금액×25%

05

종교단체 기부도 하고 환급도 받자

막내 신입이 박과장에게 "과장님 기부금이요. 세액공제 받잖아요. 그런데 법정기부금, 종교단체기부금, 기타 지정기부금에 따라 세액공제액이 다른가요?"하고 질문했다. 이에 박과장은 친절히 설명해주었다.

"공제율은 똑같아. 1,000만 원 이하는 15%, 초과분은 30% 곱한 금액을 공제받을 수 있어. 다만 기부금의 종류별로 한도액이 있어서 공제 대상금액에 차이가 있을 수 있지. 공제한도를 초과해서 못 받은 기부금은 10년간 이월해서 공제받을 수 있어. 그래서 사실상 차이가 없다고 보면 되겠지"

₩ 1,000만 원 기준으로 공제율이 다르다

기부금은 1,000만 원 이하는 15%, 1,000만 원 초과 금액은 30% 공제받는다. 본인과 가족이 기부한 기부금은 〈기부금 종류 및 공제 대상 한도〉와 같이 기부금별로 공제 대상금액 한도를 계산한 후 공제받는다.

○ 기부금 종류 및 공제 대상 한도

종류	세액공제 대상금액 한도	세액공제율
법정기부금	근로소득금액	– 1,000만 원 이하: 15% – 1,000만 원 초과: 30%
우리사주조합 기부금	(근로소득금액–정치자금기부금 · 법정기부금 세액공제 대상금액)×30%	
지정기부금* (종교단체 제외)	(근로소득금액–정치자금기부금 · 법정기부금 · 우리사주조합기부금 세액공제 대상금액)×30%	
종교단체 지정기부금	(근로소득금액–정치자금기부금 · 법정기부금 · 우리사주조합기부금 세액공제 대상금액)×10%	

*종교단체 지정기부금(10% 한도) 포함, 30%를 초과할 수 없음

₩ 공제받는 기부금

교회 헌금·사찰 시주금 등 종교단체기부금과 불우이웃돕기부금·학교 기부금·우리사주조합기부금 등은 기부금공제를 받을 수 있다. 또한 국가나 지방자치단체 등에 무상으로 기증하는 금품, 국방헌금·국군장병 위문금품, 이재민 구호금품, 사립학교·비영리교육재단 등의 시설비·교육비·장학금·연구비 기부금, 국립대학병원과 사립학교운영병원 등 시설비·교육비·연구비 기부금, 사회복지사업을 목적으로 하는 비영리법인 기부금 등도 공제받을 수 있다.

·TIP· 기부한 단체가 기부금공제를 받을 수 있는 공익법인인지 확인하는 방법은 간단하다. 홈택스 메뉴 상단에 '공익법인공시 → 기부금단체 간편조회'를 클릭하면 된다(참고로 공익법인 이외의 종교단체 등은 조회되지 않음).

「재난 및 안전관리 기본법」에 따른 특별재해(재난)지역 자원봉사에 대해서도 기부금공제가 적용된다. 자원봉사 8시간당 1일로 환산하여, 봉사일수에 5만 원을 곱한 금액(봉사일수 환산 시 소수점 이하는 1일로 보아 계산)이 공제된다.

해당 자원봉사자는 특별재난지역의 지방자치단체 장(해당 지방자치단체 장의 위임을 받은 단체장·해당 지방자치단체에 설치된 자원봉사센터장 포함)이 확인한 기부금확인서를 제출해야 한다.

₩ 기부금영수증 꼭 챙겨야 한다

기부처에서 발행한 기부금영수증과 기부금명세서를 작성하여 원천징수의무자에게 제출하면 된다. 종교단체라면 소속 교파의 총회·중앙회 등이 주무관청에 등록되어 있음을 증명하는 서류(소속증명서 등)를 제출해야 한다. 이 판단 기준은 세무서에서 발급받은 고유번호증의 유무가 아니다.

○ 기부금 종류 및 서류 발급처

기부금 종류	서류	발급처
정치자금기부금	정치자금영수증	중앙선관위, 각 정당, 국회의원
법정기부금	기부금영수증 (자원봉사용역: 기부금확인서)	해당 단체 자원봉사: 특별재난지역의 지자체장
우리사주조합기부금	우리사주조합출연금확인서	우리사주조합
종교단체 외 지정기부금	기부금영수증	해당 단체
종교단체 지정기부금	기부금영수증 단체의 주무관청 등록서류	해당 종교단체

06

부모 · 자녀 · 형제자매 기부금도 잊지 말자

김대리가 박과장에게 "과장님, 어머님께서 만59세인데 교회 헌금을 좀 많이 내셨거든요. 혹시 기부금공제를 받을 수 있을까요?"하고 물었다. 이에 박과장은 "물론 가능하다네. 어머님 연소득이 100만원 이하고, 자네가 부양하고 있다면 만60세 미만이라도 어머님의 헌금액 모두 세액공제 받을 수 있어"하고 설명해주었다.

₩ 공제 가능한 기부금은?

만60세 미만 부모, 만20세 이상 자녀, 형제자매의 기부금도 세액공제를 받을 수 있다. 직장인 본인은 정치자금기부금·법정기부금·우리사주조합기부금·지정기부금(종교단체기부금 등 포함) 등 모두 가능하다. 그러나 부양가족이라면 정치자금기부금·우리사주조합기부금은 공제받을 수 없다.

◯ 기부금 대상자 및 공제 요건

대상자	기부금공제 요건	공제대상 기부금
본인	–	전부
배우자, 부모 등 직계존속, 자녀 · 형제자매	연소득금액 100만 원 이하&부양	법정기부금, 지정기부금 (종교단체기부금 포함)

연소득금액 100만 원 이하고 생계를 같이 하지만, 나이 때문에 부양가족공제가 안 되는 가족이라도 기부금은 공제받을 수 있다. 예를 들어, 만 60세 미만인 부모가 교회에 낸 헌금도 공제받을 수 있다.

13번째 월급을 찾아라

맞벌이 부부 보험료공제, 둘 다 못 받는다고?

맞벌이 이과장이 박과장에게 물었다. "과장님, 남편과 제가 가입한 보험에 대해서 둘 다 보험료공제를 못 받는다고 하는데 왜 그런 거죠?" 이에 박과장은 "그건 계약자와 피보험자가 서로 엇갈려서 그래요. 그러니까 남편이 계약자-아내가 피보험자 또는 아내가 계약자-남편이 피보험자로 계약되었다면 남편, 아내 모두 세액공제를 받을 수 없거든요"하고 설명해주었다.

① 피보험자가 맞벌이 부부인 경우

피보험자가 맞벌이 직장인 부부일 경우, 〈보험 계약 유형〉의 유형 3과 유형 4처럼 계약자를 배우자로 엇갈려 설정하면 공제받지 못한다. 계약자를 피보험자와 동일한 직장인(유형 1과 유형 2) 또는 소득 없는 부양가족(유형 5)으로 설정해야 공제받을 수 있다.

○ 보험 계약 유형

	계약자	피보험자	소득공제 여부
유형 1	남편	남편	공제
유형 2	아내	아내	공제
유형 3	남편	아내	공제 안 됨
유형 4	아내	남편	공제 안 됨
유형 5	아버지(소득 없음)	남편 또는 아내	공제

*위 표는 남편과 아내가 모두 연소득금액 100만 원을 초과하는 경우를 상정한 결과다. 만약 유형 3과 유형 4에서 아내 또는 남편 중 1인이 연소득금액 100만 원 이하라면 공제 가능하다.

② 예시로 보는 보험료 공제

맞벌이 부부의 보험가입 내역이 다음과 같을 때 보험료공제를 받을 수 있는지 살펴보자.

- 종신보험: 계약자 – 남편, 피보험자 – 아내
- 정기보험: 계약자 – 남편, 피보험자 – 남편

종신보험의 경우 계약자는 남편이지만, 소득이 있는 아내가 피보험자이기 때문에 공제받을 수 없다. 정기보험은 남편이 보험료공제를 받을 수 있다.

기부금영수증 허위발급 받으면 발급자와 발급받은 자 모두 불이익 받는다

최사원이 박과장을 찾아와 "과장님, 제 친구가 기부금공제를 받았다가 세금을 추징당했다고 하는데 그런 경우도 있나요?"하고 물었다. 박과장은 "기부금영수증을 허위로 발급받아 연말정산하는 경우가 종종 있지. 국세청에서는 기부금공제 받은 사람에 대해 표본조사를 하지. 그리고 허위 기부금이라 판단하면 기부금영수증 발급자에게 가산세를 부과해. 기부금공제를 받은 사람에게는 세금을 추징하고"라며 설명해주었다.

① 기부금영수증을 허위로 발급하는 경우

○ 기부금영수증 가산세

구분	가산세
기부금영수증	① 기부금액이 사실과 다르게 발급된 경우 – 사실과 다르게 발급된 금액(영수증에 실제 기재된 금액과 건별로 발급하여야 할 금액과의 차액)의 100분의 2에 상당하는 금액 ② 기부자의 인적사항 등을 사실과 다르게 적어 발급(기부금액 · 기부자의 인적사항 등 주요사항을 적지 아니하고 발급하는 경우 포함)하는 등 ① 외의 경우 – 영수증에 기재된 금액의 100분의 2에 상당하는 금액
기부자별 발급명세서	작성 · 보관하지 아니한 금액의 1,000분의 2에 해당하는 금액

기부금영수증을 허위로 발급받아 세액공제 받은 사람은 해당 세금을 추징당한다. 또한 부당과소신고가산세(부당세액의 40%)와 납부불성실가산세도 추징된다. 기부금영수증을 사실과 다르게 기재하거나 기부자별 발급명세서를 작성·보관하지 않은 발급자는 불성실가산세를 결

정세액에 가산한다. 이때 산출세액이 없는 경우에도 적용한다.

② 100만 원 이상의 기부금에 대해 표본조사한다

납세지 관할 세무서장이 표본조사하는 대상은 다음과 같다. 「소득세법」 제34조(기부금의 필요경비 산입), 제59조4의 제4항(기부금 세액공제)에 따라 기부금을 필요경비에 산입하거나 기부금공제를 받은 거주자 중에서 기부금 공제·필요경비 산입금액이 100만 원 이상인 거주자(「소득세법」 제121조 제2항 및 제5항에 따른 비거주자 포함)다.

필요경비 산입·공제의 적정성 검증을 위해 해당 과세기간 종료일부터 2년 이내에 표본조사를 한다. 표본조사 대상 기부금공제자 또는 필요경비 산입자의 1,000분의 5에 해당하는 인원에 대해 실시한다.

PART 6

금융상품 투자 수익도 얻고 환급도 받고

01

연말에 해도 바로 세액공제 받는 연금저축

막내 사원이 "과장님, 저는 공제받을 게 없어서 내년 2월 연말정산 때 오히려 토해내야 할 거 같은데 어떻게 하죠?"라고 묻자 박과장은 "지금 연말에 할 수 있는 건 연금저축밖에 없는데… 연봉이 3,000만 원이니까 연금저축에 가입해서 400만 원 불입하면, 최대 66만 원까지 환급받을 수 있지. 그런데 단점도 있으니 잘 선택해야 하네"

ⓦ 연금저축과 IRP 세금 환급받아볼까?

세액공제 받을 수 있는 상품과 못 받는 상품을 정확하고 알고 가입하는 게 우선이다. 내가 얼마까지 불입해야 최대로 공제받을 수 있는지 확인 후 가입하라. 공제받는 연금저축상품은 연금저축신탁(은행에서 가입), 연금저축펀드(은행, 증권사에서 가입), 연금저축보험(은행, 보험사에서 가입)이다. 퇴직연금 중 DC(확정기여)형, IRP(개인형퇴직연금)도 가능하다. 퇴직연금 DC형이라면, 회사에서 불입한 금액이 아닌 본인이 추가 불입한 금액만 공제받는다.

보험사에서 판매하는 연금보험상품 중 일반 연금보험과 변액연금보험은 공제 불가능하다. 또한 퇴직연금 중 DB(확정급여)형도 혜택이 없다. 은행의 노후생활연금신탁, 신노후생활연금신탁도 공제받을 수 없는 상품이다.

•TIP• 상품별로 위험성과 수익률, 사업비와 수수료, 납입방법, 연금수령 방법 등 차이가 있으니 금감원의 통합연금포털(https://100lifeplan.fss.or.kr/)에서 따져보고 내게 맞는 상품을 고르는 게 중요하다.

₩ 연금저축상품, 얼마나 공제받을까?

연봉 5,500만 원 이하(종합소득금액 4,000만 원 이하)라면 연금저축상품에 불입한 금액 중 400만 원까지 16.5%(지방소득세 포함)를 공제받을 수 있다. 연봉 5,500만 원 초과~1억 2,000만 원 이하(종합소득금액 1억 원 이하)도 400만 원까지만 세액공제를 받을 수 있는데, 세액공제율은 13.2%다. 연봉 1억 2,000만 원을 초과(종합소득금액 1억 원 초과)하는 직장인은 불입 금액 중 300만 원까지만 13.2% 공제받는다.

○ 연금저축상품 공제대상 불입금액한도와 공제율

총급여(연봉)	공제대상 불입금액한도	세액공제율	최대 세액공제액
5,500만 원 이하	400만 원	16.5%	66만 원
5,500만 원 초과~1억 2,000만 원 초과	400만 원	13.2%	52만 8,000원
1억 2,000만 원 초과	300만 원	13.2%	39만 6,000원

앞 사례에서 연봉 3,000만 원인 막내 사원이 연금저축상품에 가입해서 700만 원을 불입했다고 하자. 400만 원까지 세액공제 대상이므로 공제액은 66만 원이다. 400만 원을 초과하는 300만 원에 대해서는 공제받을 수 없다.

이렇게 공제대상 불입액 한도를 초과해 납입하는 경우가 있다. 이때 다음 연도에 연금보험료 전환신청을 하면 공제받을 수 있다(해당 기관에 신청).

₩ IRP와 퇴직연금은 얼마나 받지?

IRP와 퇴직연금 DC형은 최대 700만 원까지 공제받을 수 있다. 단, 연금저축상품(신탁·펀드·보험) 불입액이 있다면 이것과 합산한 후 공제받는다. 세액공제율(지방소득세 포함)은 〈IRP, 퇴직연금 공제대상 불입금액한도와 공제율〉과 같다.

○ IRP, 퇴직연금 공제대상 불입금액한도와 공제율

총급여	공제대상 불입금액한도			세액공제율
	연금저축	퇴직연금 DC/IRP	전체	
5,500만 원 이하	400만 원	700만 원	700만 원	16.5%
5,500만 원 초과~1억 2,000만 원 초과	400만 원	700만 원	700만 원	13.2%
1억 2,000만 원 초과	300만 원	700만 원	700만 원	13.2%

연봉 3,000만 원인 막내 사원의 경우를 보자. 400만 원은 연금저축상품에, 300만 원은 IRP 또는 퇴직연금 DC형에 불입하면 700만 원에

대해 16.5%인 115만 5,000원을 공제받는다. 물론 700만 원 전부 IRP 또는 퇴직연금 DC형에 불입해도 115만 5,000원을 받는다.

•TIP• IRP는 2017년 7월 26일부터 공무원, 교직원, 자영업자, 퇴직연금제도 미가입 근로자 등 소득 있는 사람이라면 누구든 가입할 수 있다. 그러나 주부, 무직자는 가입할 수 없다.

₩ 매년 연말에 세액공제 받을 만큼만 넣자

이런 경우가 있다. 원천징수영수증 72번의 결정세액을 보자. 결정세액이 0원으로 표시되어 있을 수 있다. 또한 원천징수영수증 59번의 연금저축 공제대상 금액이 700만 원 이하, 세액공제액도 115만 5,000원 이하일 수 있다.

이때 연금저축과 IRP 공제받기 전 결정세액이 40만 원(지방소득세 포함 44만 원)뿐이면 연금저축·IRP 세액공제액이 115만 5,000원일지라도 딱 40만 원만 공제받을 수 있다. 연말에 연금저축·IRP 불입액을 넣고 결정세액을 계산해서 0원이 나온다면 연금저축·IRP 불입액을 조정할 필요가 있다.

연금저축·IRP 세액공제 받기 전의 결정세액을 세액공제율로 나눈 금액만큼 불입하면 된다. 예를 들어, 결정세액이 지방소득세 포함 44만 원이라면 다음처럼 불입액을 계산하면 된다.

$$\text{필요한 불입액} = \frac{\text{44만 원}}{16.5\%} = \text{266만 6,667원}$$

02

연금 받을 때 세금 토해내야 한다는데 가입해, 말아?

"과장님~ 연금저축펀드에 가입해서 500만 원 불입했어요" 막내 사원이 이야기했다. 박과장은 "뭐 그리 급하게 가입했나? 연금저축은 단점이 있어. 나중에 연금 받을 때 소득세를 내야 해"라고 말했다. 그러자 막내는 불평 섞인 목소리로 "연금 받을 때 세금을 내면 말짱꽝이잖아요. 이걸 왜 가입해요? 다시 해지할까요?"라고 말하자, 박과장은 다음과 같이 조언했다. "꼭 그렇지는 않아. 잘만 활용하면 세금 혜택이 커. 듣고 나서 판단해"

₩ 연금 수령할 때 절세 포인트

연금저축·IRP로 연금 받을 때, 소득세를 내야 한다. 연금수령액이 1,200만 원 이하면 연금수령 나이에 따라 소득세율을 적용한다. 〈연금수령액에 따른 세율〉을 보자.

○ 연금수령액에 따른 세율

연금수령액	나이	세율	
		확정기간형 연금	종신형 연금
1,200만 원 이하	55세 이상~70세 미만	5.5%	4.4%
	70세 이상~80세 미만	4.4%	
	80세 이상	3.3%	3.3%
1,200만 원 초과	다른 소득과 합산하여 종합과세: 6.6%~46.2% 세율 적용		

예를 들어, 60세 이후 매년 1,200만 원의 연금을 20년간 수령한다고 해보자. 60~69세까지는 매년 66만 원(=1,200만 원×5.5%)의 소득세를 내고, 70~79세까지는 매년 52만 8,000원(=1,200만 원×4.4%)의 소득세를 내야 한다.

연금이 1,200만 원을 초과한다면 다른 소득(근로소득·사업소득 등)과 합산하여 소득세를 계산한다. 이때 다른 소득의 규모가 얼마인가에 따라 세부담이 다르다. 만약 다른 소득에 각종 공제액을 차감한 금액이 5,000만 원, 연금이 1,500만 원이라고 해보자. 이때 연금에 적용되는 세율은 26.4%이며, 세금은 396만 원이 된다.

₩ 소득세를 보고 불입금을 조절한다?

세액공제 받지 않은 불입원금의 운용수익에 대해서도 소득세를 내야 한다. 따라서 불입할 때 금액을 잘 조절해야 한다.

예를 들어, 500만 원을 10년간 불입해서 불입원금 5,000만 원과 운용수익 2,000만 원, 총 7,000만 원의 연금저축이 쌓였다고 하자. 연금으로 매년 700만 원씩 10년간 받는다고 할 때, 과세되는 금액은 세액공제 받은 불입원금 4,000만 원과 운용수익 2,000만 원이다. 세액공제 받지 못한 1,000만 원(불입원금 중)은 연금소득세가 과세되지 않는다. 운용수익 중 세액공제 받지 못한 불입금 1,000만 원의 운용수익 400만 원(=2,000만 원÷5)에 대해서는 연금소득세가 과세된다. 따라서 매년 불입할 때 세액공제 받을 수 있는 한도 400만 원(또는 300만 원)까지 내는 것이 낫다. 나중에 세금을 내더라도 수익성이 좋다면 더 불입해도 상관없다.

○ 연금의 구성

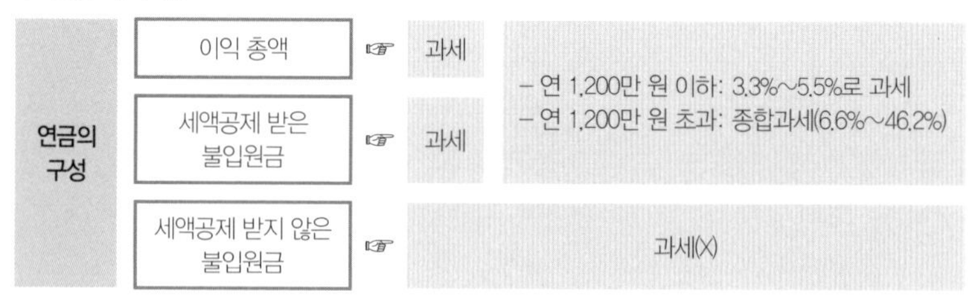

만약 근로소득·사업소득 등 다른 소득이 있는 상태에서 55세부터 10년간 연금 1,709만 원을 수령한다면, 다른 소득과 합산하여 소득세를 내야 한다. 즉, 종합과세되므로 세율이 커진다. 이때는 어떻게 해야 할까? 연금이 연 1,200만 원 이하가 되도록 연금수령기간을 15년 또는 20년으로 늘리면 된다. 처음 불입단계에서 예상 연금수령액이 매년 1,200만 원을 초과한다면 가급적이면 1,200만 원 이하가 되도록 불입액을 조절하는 것이 좋다(가입 기관에 문의).

연금이 1,200만 원을 초과한다면 세금이 늘어날까? 다른 소득이 없다면 오히려 적게 낼 수 있다. 만약 연금이 1,500만 원이더라도 다른 소득이 전혀 없다면, 부양가족공제·각종 공제로 소득세가 거의 없을 수 있다.

₩ 연금 받는 기간을 단축시킬 때 세금은?

1,200만 원 이하의 연금을 수령하더라도 연금수령기간이 10년이 안 되면, 금액 중 일부는 기타소득세 16.5%로 과세되어 세금이 늘어난다. 연금수령기간을 10년 미만으로 단축시킬 경우 수령액이 세법에서 정한 연간 연금수령한도를 초과할 수 있기 때문이다.

$$\text{연간 연금수령한도} = \frac{\text{연금계좌 평가액}}{11-\text{연금수령연차}} \times 1.2$$

○ 연차별 연금수령액

연금수령연차	매년 연금수령액	연금수령한도	연금수령한도 초과금액
1	1,000만 원	600만 원	400만 원
2	1,000만 원	533만 원	467만 원
3	1,000만 원	450만 원	550만 원
4	1,000만 원	343만 원	657만 원
5	1,000만 원	200만 원	800만 원
합계	5,000만 원	2,126만 원	2,874만 원
		× 5.5%	× 16.5%
세금		**117만 원**	**474만 원**

예를 들어, 연금저축평가액(적립금)이 5,000만 원이고, 55세부터 연금을 받는다고 해보자. 10년간 매년 500만 원씩 수령하면, 연금소득세는 27만 5,000원(=500만 원×5.5%)으로 10년간 총 275만 원의 연금소득세를 낸다. 그런데 연금수령기간을 5년으로 단축시켜서 매년 1,000만 원을 수령하면 〈연차별 연금수령액〉과 같이 연금수령한도를 초과하는 금액이 발생한다.

연금수령한도 내 금액에는 세율 5.5%가 적용되어 117만 원 정도의 소득세를 낸다. 그러나 연금수령한도를 초과하는 금액은 16.5%의 세율을 적용하여 474만 원 정도의 기타소득세를 내야 한다.

03

연금을 중간에 해지하거나 한번에 받으면 세금폭탄?

막내 사원이 "과장님! 아무래도 연금저축은 손해인거 같아요" 라고 말하자, "왜? 벌써 계산서가 나왔어?"하고 박과장이 물었다. 사원이 다시 "네. 60세 정도에 퇴직할텐데, 그 후 사업 등 다른 일을 할 거 아녜요? 그런 다음 연금소득까지 합산하면… 세율 16.5%를 적용 받아 매년 251만 원의 세금을 내야 할 거 같아요. 직장 다닐 동안 매년 52만 8,000원 또는 66만 원의 세액공제 혜택을 받지만 연금 받을 때 세금을 감안하면 손해인데요? 그래서 해지할까 봐요"하고 말했다. 박과장은 사원을 가로막으며 말했다. "내가 말했잖아. 불입할 때 연금 수령액 1,200만 원 이하가 되도록 하면 손해는 아니야. 그리고 해지하면 불이익이 있어. 연금 받을 때 일시금으로 해도 똑같이 기타소득세를 내지. 급하게 생각하지 말라구!"

₩ 연금저축 가입 단계부터 장기플랜을 세우자

불가피하게 연금저축을 해지해야 하는 상황이 올 수 있다. 또한 연금을 한꺼번에 수령해야 하는 상황도 발생할 수 있다. 문제는 중간에 해지하거나 일시에 연금을 수령하면 16.5%의 기타소득세를 내야 한다는 점이다. 따라서 가입 단계부터 장기플랜을 짜는 게 중요하다. 예를 들어, 매년 400만 원씩 4년간 1,600만 원 납입, 운용수익 200만 원으로 적립금이 1,800만 원인 상태라 하자. 해지하면 세액공제 받은 1,600만 원과 운용수익 200만 원에 대해 16.5% 세율이 적용되어 기타소득세 297만 원을 내야 한다.

○ 연금저축 불입 예시

불입금 총액	운용수익		해지 시 기타소득세
1,600만 원	200만 원	☞	297만 원=1,800만 원×16.5%

연금저축은 2개 이상의 계좌를 만들 수 있다. 관리가 번거롭기는 하지만 여러 개의 계좌를 만들어 놓으면, 나중에 급전 쓸 일이 발생했을 때 필요한 만큼 해지할 수 있다.

₩ 납입중지도 가능하다

중간에 납입할 여력이 안 된다면 해지보다는 납입중지 또는 납입유예를 하면 된다. 연금저축·연금펀드는 자유납부 형태이므로 납입을 중단했다가 언제든 재개할 수 있다. 연금저축보험은 1회당 최대 12

개월, 최대 3회까지 납입유예할 수 있다.

가입자나 가입자 부양가족의 질병·부상으로 3개월 이상의 요양이 필요한 경우, 가입자 사망·해외이주, 가입자 파산·개인회생절차 개시 등 사유가 발생한 경우 중도 인출할 수 있다.

04

ISA 만기에 연금 전환하면 공제받는다고? 나한테 이득이 있을까?

김대리가 "과장님 이번에 정부에서 발표한 게 있더라구요. ISA 만기에 연금으로 전환하면 세액공제를 받는다는데 얼마까지 받을 수 있나요?"하고 물었다. 박과장은 "응. 연금으로 전환한 금액의 10%와 300만 원 중 적은 금액에 대해서 16.5% 또는 13.2% 세액공제 받을 수 있어"라고 설명했다.

"저 같은 경우 300만 원의 16.5%면… 49만 5,000원을 받을 수 있네요. 적지 않은 금액이네요"하고 김대리가 말하자 박과장이 주의사항을 알려주었다.

"알아 둘 것이 있어. 2020년 1월 1일 이후부터 시행하지. 그리고 연금 받을 때 연금소득세 등을 잘 따져 봐야해"

₩ 2020년 1월을 기억하자

연금 전환하는 ISA 금액에 대해 세액공제 받을 수 있도록 세법이 개정되었다. 2020년 1월 1일 이후 ISA 계좌금액 한도 내에서 연금계좌로 납입하면, 납입액의 10%(300만 원 한도)를 공제받을 수 있다.

세액공제율은 총급여 5,500만 원 이하일 때 16.5%, 5,500만 원을 초과하면 13.2%다. 예를 들어, 총급여 5,000만 원 직장인이 연금저축계좌에 400만 원을 불입하고 ISA 계좌금액 중 4,000만 원을 연금으로 전환한다고 하자. 연금저축 공제대상금액은 700만 원이고, 세액공제액은 115만 5,000원이다. 정리하면 〈공제대상 금액 및 세액공제액〉과 같다.

공제대상 금액 및 세액공제액

공제대상 금액	700만 원 = 400만 원(연금저축) + 최소 금액(4,000만 원×10% 혹은 300만 원) 중
세액공제액	115만 5,000원 = 700만 원 × 16.5%

연금 전환할 때 세율을 조심하자

ISA 만기 금액을 연금으로 전환할 때, 세액공제 받은 금액과 운용수익 모두 과세대상이 된다. 예를 들어, 매년 연금저축 400만 원과 IRP 300만 원을 납입하고 있다고 하자. ISA 만기 금액을 연금으로 전환하면 나중에 받는 연금액이 연 1,200만 원을 초과할 가능성이 크다. 따라서 3.3%~5.5% 세율이 아닌 6.6%~46.2%의 높은 세율이 적용된다.

사실상 연금수령기간과 연금 개시일을 조정해도 수령액을 연 1,200만 원 이하로 맞추기는 쉽지 않다. 그러므로 ISA 금액을 연금으로 전환하는 일은 신중히 생각하자. 가입 금융기관에 연금 수령액을 연 1,200만 원 이하로 할 수 있는지 확인할 수 있다.

•TIP• ISA의 연금 전환 시 세액공제 받을 수 있는 시기와 세액공제 금액을 알아두어야 한다. 또한 연금 받을 때 수령액을 1,200만 원 이하로 만들어 소득세를 최소화할 수 있는지 확인해야 한다.

05

50세 이상이면 연금 공제한도가 600만 원으로 늘어난다고?

마케팅 유상무가 박과장에게 물었다. “이번에 연금저축 600만 원과 IRP 300만 원, 총 900만 원을 불입했다네. 연금수령시기를 65세 이후로 조절하고 기간도 가장 길게 해서 1,200만 원 이하로 해야겠지?” 그러자 박과장이 “네. 그렇게 하셔야죠. 그런데 700만 원까지 납입하시면 되는데 왜 900만 원까지 불입하셨어요?”하고 물었다.
유상무는 “이번에 정부가 50세 이상자는 공제한도 납입금액을 700만 원에서 900만 원으로 확대 적용한다 했는데 모르나?”하고 말했다. 그러자 “상무님 빠르시네요. 너무 앞서 가셨는데요. 그건 2019년도 납입 금액은 적용대상이 아니에요. 2020년 1월 1일 이후 불입금액부터 적용됩니다. 2021년 2월 연말정산할 때 세액공제 받을 수 있어요”라고 박과장이 답변해주었다.

₩ 연금 공제대상 금액을 확인하자

연금계좌세액공제 확대의 적용시기·적용대상·공제액을 정확하게 알아야 한다. 또한 연금 받을 때, 연금수령액을 1,200만 원 이하로 만들어 소득세를 최소화할 수 있는지 확인해야 한다.

50세 이상, 총급여 1억 2,000만 원 이하(종합소득금액 1억 원 이하) 직장인이라면 연금저축(신탁·펀드·보험)의 세액공제 대상 불입금액 한도가 400만 원에서 600만 원으로 증가한다. IRP 공제대상 금액까지 합하면 연 900만 원이다.

○ 50세 이상 세액공제 대상(2020년 1월 1일 이후 불입액)

총급여액(종합소득금액)	50세 이상 세액공제 대상 납입한도 (퇴직연금 포함)	세액공제율 (지방소득세 포함)
5,500만 원 이하(4,000만 원 이하)	600만 원(900만 원)	15%(16.5%)
5,500만 원 초과~1억 2,000만 원 이하 (4,000만 원 초과~1억 원 이하)		12%(13.2%)
1억 2,000만 원 초과(1억 원 초과)	300만 원(700만 원)	

다만, 총급여 1억 2,000만 원 및 금융소득금액 2,000만 원을 초과하는 자는 50세 이상이라도 해당되지 않는다.

₩ 추가 불입 전, 연금을 확인하자

연금저축계좌에 매년 200만 원을 추가 불입하면, 수령하는 연금액이 증가하게 된다. 이때 수령 연금액이 연 1,200만 원을 초과하면 다른 소득과 합산되므로 6.6%~46.2%의 높은 세율이 적용될 수 있다. 따라서 해당 금융기관에 추가 불입으로 인해 수령액이 얼마나 증가하는지와 연금 수령액을 1,200만 원 이하로 조절 가능한지 상담을 미리 받자.

06

무주택 직장인, 주택청약종합저축 가입은 필수

"과장님! 저 이번에 주택청약 당첨되었어요!!" 김대리가 신나서 박과장에게 말하자, 박과장은 "축하해! 정말 축하해! 로또에 당첨된 거나 마찬가지네"라며 축하해줬다. 옆에 있던 기획팀의 최대리가 "주택청약종합저축이요? 그게 뭔데요?"라고 묻자 박과장은 조금 놀란 듯 말했다.

"주택청약종합저축을 모르나? 연말정산할 때 소득공제도 받고, 아파트 분양받을 때 얼마나 요긴한데… 설명해줄 테니 잘 들어봐"하고 말했다. 그러자 김대리도 "당첨되었을 때 주택청약저축 소득공제는 어떻게 되는지도 설명해주세요"하고 물었다.

₩ 지금 당장 주택청약에 가입하라

주택청약종합저축(주택청약)의 가장 큰 이점은 국민주택, 민영주택 등의 청약 자격을 얻는다는 것이다. 또한 일정요건을 갖춘다면 연말정산 때 소득공제를 받을 수 있다. 더불어 이자도 받을 수 있다(다만 변동금리로 정부고시에 의하여 변동됨). 이자율은 저축기간에 따라 적용된다. 2019년 10월자 이자율은 다음과 같다. 1개월 이내는 무이자, 1개월 초과~1년 미만이면 연 1%, 1년 이상~2년 미만이면 연 1.5%, 2년 이상이면 연 1.8%다.

주택청약종합저축은 매월 2만 원 이상~50만 원 이내로 납입할 수 있다. 이는 우리은행·국민은행·하나은행·신한은행·기업은행·농협은행·대구은행·부산은행·경남은행에서 가입할 수 있다.

가입 1년(수도권 외 지역, 6개월)이 지나고 월 납입금을 12회(수도권 외 지역, 6회) 이상 납입한 경우 국민주택 청약 1순위 자격이 발생한다. 민영주택 1순위는 가입 1년(수도권 외 지역, 6개월)이 지나고 납입 금액이 청약예치기준 금액 이상인 경우 주어진다. 자세한 내용은 주택도시기금(http://nhuf.molit.go.kr/)에서 확인할 수 있다.

1순위 청약자 내에서 경쟁이 있으면 무주택기간(32점), 부양가족수(35점), 청약통장가입기간(17점) 점수를 산정해 당첨자를 뽑는다.

₩ 주택청약저축, 소득공제의 조건은?

총급여 7,000만 원 이하, 과세기간(1월 1일~12월 31일) 중 무주택 세대주 직장인이면 소득공제 된다. 연 240만 원 한도 내에서 불입액의 40%를 공제받을 수 있다. 따라서 소득공제 한도는 최대 96만 원(=240만 원×40%)이다. 공제받으려는 과세기간의 다음 연도 2월 말까지 무주택확인서를 제출해야 한다(가입한 은행 발급). 총급여 7,000만 원을 초과하거나 주택 있는 직장인은 주택청약종합저축 소득공제를 받을 수 없다.

근로자 본인 명의의 저축만 공제받을 수 있다. 배우자 등의 저축은 공제가 안 된다. 또한 선납·후납 여부와 상관없이 당해 연도에 실제 불입한 금액을 기준으로 한다.

₩ 오히려 세금 추징당하는 경우도 있다고?

85㎡ 초과 주택에 당첨되거나 가입일로부터 5년 이내에 저축을 해지하면 세금을 추징당한다. 무주택확인서 제출 연도 이후에 납입한(연간 240만 원 한도) 누계액의 6.6%(지방소득세 포함)가 추징된다. 이때 추징세액은 실제 감면받은 세액을 초과할 수 없다.

다만 사망, 해외이주, 해지 전후 3개월 이내에 85㎡ 이하 주택에 당첨된 경우, 해지 전 6개월 이내의 천재지변, 퇴직, 사업장 폐업, 3개월 이상 입원치료나 요양을 필요로 하는 상해·질병 발생, 저축취급기관의 영업정지 등 이유로 해지하는 경우에는 추징되지 않는다.

•TIP• 85㎡ 이하 주택에 당첨되어 저축을 해지한 경우, 해당 과세연도에 납입한 금액은 공제받을 수 있다.

07

청년우대형 주택청약종합저축은 어떤 거지?

주택청약종합저축 설명을 듣고 있던 막내 사원이 쏜살같이 뛰어 나가면서 "저 은행에 다녀오겠습니다!"고 소리쳤다. "이봐! 은행에 왜 가는 거야?" 박과장이 이야기했지만, 이미 시야에서 사라진 뒤였다. 박과장은 "설마 주택청약종합저축 가입하려는 건 아니겠지?"라고 하자 옆에 있던 김대리가 "그런 거 같은데요"라며 답했다. 그러자 박과장은 "저런, 청년우대형 주택청약종합저축으로 가입하는 게 나은데…"하며 안타까워했다.

₩ 청년우대형 주택청약은 무엇?

만19세 이상~만34세 이하인 무주택세대주로 직전 연도 소득이 3,000만 원 이하면 가입할 수 있다. 청년우대형 주택청약종합저축에 가입하려면 나이·소득·무주택 요건을 모두 충족해야 한다. 가입 시 가입·과세특혜 신청용 소득확인증명서, 원천징수영수증, 주민등록등본 등을 제출해야 한다.

○ 청년우대형 주택청약종합저축 가입 요건

요건	구체적인 요건
나이	만19세 이상~만34세 이하[군대를 다녀온 경우 현재 연령에서 병역이행기간(최대 6년)을 빼고 계산한 연령이 34세 이하]
소득	직전 연도 신고소득이 있는 자로, 연소득 3,000만 원 이하(근로 · 사업 · 기타소득에 한하되, 1년 미만으로 직전 연도 신고소득이 없는 근로자는 급여명세표 등으로 연소득 환산)
주택	무주택세대주(세대주 3개월 이상 유지) 혹은 가입 후 3년 내 세대주 예정자(세대주 3개월 이상 유지), 무주택세대의 세대원

청년우대형 주택청약저축은 일반 주택청약종합저축과 동일한 소득공제를 받는다. 다만 일반 주택청약종합저축과 다른 점은 금리를 우대해준다는 것과 이자소득이 비과세라는 것이다. 납입 원금 5,000만 원 한도 내에서 신규 가입일로부터 2년 이상인 경우, 10년 이내 무주택인 기간에 한하여 기존 주택청약종합저축 이율에 우대금리(1.5%p)를 더 해준다.

○ 주택청약저축 이율 비교

구분	1개월 이내	1개월 초과 ~1년 미만	1년 이상 ~2년 미만	2년 이상 ~10년 이내	10년 초과
일반 주택청약종합저축	무이자	연 1.0%	연 1.5%	연 1.8%	연 1.8%
청년우대형 주택청약종합저축	무이자	연 2.5%	연 3.0%	연 3.3%	연 1.8%

*위 금리는 정부고시에 의하여 변경될 수 있음

가입기간 2년 이상이면 해당 저축에서 발생하는 이자소득 합계액 500만 원, 원금 연 600만 원 한도로 비과세 혜택을 받을 수 있다. 이는 가입자가 별도로 비과세 신청을 해야 한다.

₩ 벌써 일반 주택청약에 가입했다면?

기존 주택청약종합저축 가입자도 가입요건 충족 시 청년우대형으로 전환 가능하다. 다만, 기존 계좌가 청약 당첨된 계좌이면 전환할 수 없다. 기존 통장의 납입인정회차(선납·연체일수 등은 미반영), 납입원금은 연속하여 인정된다. 우대금리, 청약회차는 전환원금을 제외한 입금분부터 적용된다. 전환원금은 기존 주택청약종합저축 이율을 적용한다. 약정 납입일은 전환신규일로 변경된다.

08

우리사주로 일석 3조를 노려보자

박과장이 김부장에게 말했다. "부장님 우리사주조합에 400만 원 출자해보세요" 이에 김부장은 "아니 왜 우리사주조합에 출자를 해? 그래서 내가 무슨 이득을 볼 수 있다고?"하고 약간 언성을 높였다.
이에 박과장은 "우리사주조합에 출자하는 건 우리 기업의 주식을 취득하는 거예요. 우리사주를 취득하면 연말정산 때 소득공제 받을 수 있죠. 그리고 요건만 갖추면 배당소득세와 더불어 매매차익에 대한 양도세도 비과세 받을 수 있어요"하고 답변해주었다.

₩ 우리사주로 소득공제 받자

우리사주조합을 통하여 회사 주식(우리사주)을 취득할 수 있다. 발행주식의 20%를 기존 주주보다 우선적으로 배정받을 수 있다. 다만, 근로자별로 취득한도 등에 제한이 있다.
우리사주조합에 출자하면 최대 400만 원까지 소득공제 받는다. 벤처기업이라면 1,500만 원까지도 가능하다. 400만 원(벤처기업 우리사주는 1,500만 원)을 초과하여 취득한 우리사주가 시가의 70%보다 낮은 경우가 있을 수 있다(취득일 기준). 이때 시가의 70%와 취득 금액의 차액을 근로소득으로 보기 때문에 소득세를 내야 한다.

○ 우리사주 출자금액과 과세

출자금액	취득 금액	소득공제와 소득세 과세
400만 원 이하 (벤처기업: 1,500만 원 이하)	-	적은 금액(해당 연도 출연금, 400만 원 중)을 소득공제(벤처기업: 적은 금액 [해당 연도 출연금, 1,500만 원 중])
400만 원 초과 (벤처기업: 1,500만 원 이하)	취득 금액 ≥ 시가의 70%	-
	취득 금액 < 시가의 70%	'시가의 70%-취득 가액'을 근로소득으로 보아 과세

우리사주를 취득한 후, 보통 증권금융회사에 예탁한다. 이렇게 1년 경과 후 인출하면 취득일부터 인출일까지의 배당소득에 대해 비과세 받을 수 있다. 다만, 조건이 있다. '우리사주 액면가액의 개인별 합계액이 1,800만 원 이하+소액주주[발행주식 총액의 1%와 3억 원(액면가액 합계액) 중 적은 금액 미만을 소유한 주주]'여야 한다. 우리사주 예탁일로부터 1년 이내 인출했을 때, 소액주주가 아닐 때, 액면가액합계액이 1,800만 원을 초과하는 때에는 소득세를 내야 한다.

₩ 우리사주 인출할 때 소득세를 내야 한다?

퇴사·사망·의무예탁기간 만료·조합 해산 등의 사유가 발생하면 우리사주를 인출할 수 있다. 이때 보유기간과 중소기업주식여부에 따라 소득세를 내야 한다.

○ 주식 보유기간과 과세대상

구분	보유기간	과세대상
중소기업 주식	2년 미만	매입가액 등과 인출일 시가 중 적은 금액의 100%
	2년 이상~4년 미만	매입가액 등과 인출일 시가 중 적은 금액의 50%
	4년 이상~6년 미만	매입가액 등과 인출일 시가 중 적은 금액의 25%
	6년 이상	전액 비과세
중소기업 외 주식	2년 미만	매입가액 등과 인출일 시가 중 적은 금액의 100%
	2년 이상~4년 미만	매입가액 등과 인출일 시가 중 적은 금액의 50%
	4년 이상	매입가액 등과 인출일 시가 중 적은 금액의 25%

보유기간은 우리사주조합원별 계정에 의무적으로 예탁해야 하는 기간의 종료일 다음 날부터 인출한 날까지로 한다.

예를 들어, 중소기업이 아닌 회사 우리사주조합에 400만 원을 출연하여 우리사주를 배정받았다 하자. 4년 보유 후 인출했다면 400만 원의 25%인 100만 원을 근로소득에 합산하여 소득세를 내야 한다. 이때 매입가액보다 인출일 시가가 크면 매입가액의 25%를 근로소득에 합산하여 과세한다.

₩ 우리사주 비과세 요건은?

보통 비상장주식을 매도하면 양도차익에 대해 양도세를 내야 한다. 하지만 앞서 이야기했듯 우리사주는 일정 요건만 갖추면 비상장주식이라도 양도차익 3,000만 원까지는 비과세 받을 수 있다. 거래소와 코스닥 주식은 소액주주가 장내에서 매도할 때만 비과세 받는다. 비상장주식이라 할지라도 퇴직 때문에 인출하여 우리사주조합에 양도하는 경우, 양도차익 3,000만 원 이하에 대해서는 양도세를 내지 않는다. 이때는 〈우리사주 비과세 요건〉을 갖춰야 한다. ①~③ 모두 충족해야 한다.

○ 우리사주 비과세 요건

① 우리사주조합을 통하여 취득한 후 1년 이상 보유할 것
② 우리사주 양도일 현재 증권금융회사에 1년 이상 예탁할 것
③ 보유하고 있는 우리사주의 액면가액 합계액이 1,800만 원 이하일 것

•TIP• 우리사주를 인출할 때와 주식을 매도할 때 소득세는 어떻게 되고 비과세를 받으려면 어떻게 해야 하는지 숙지 후 가입해야 한다.

09

벤처기업 투자로 소득공제와 양도세 비과세까지!

"박과장 나 좀 보세"하고 유상무가 지나가는 박과장을 불러 세우면서 "작년에 자네의 말을 듣고 A벤처기업에 500만 원 투자해서 연말정산 때 192만 5,000원을 환급받았잖아. 이번에는 B벤처기업에 1,000만 원을 투자하려고 하는데 또 소득공제를 받을 수 있나?"하고 물었다.

박과장은 "네 가능합니다. 상무님의 경우 투자금액 1,000만 원에 대해서 100% 소득공제를 받을 수 있습니다"하고 답변을 해주었다. 그러자 유상무는 "그래? 소득공제가 얼마까지 되는 거야? 그리고 나중에 주식 매도할 때 양도세는 어떻게 내야 하지? 자세히 설명해 줄 수 있어?"하고 부탁했다.

₩ 벤처기업 투자, 어느 정도 공제받을까?

벤처기업에 투자했다면 금액에 대해 3,000만 원 이하는 100%,

3,000만 원 초과~5,000만 원 이하는 70%, 5,000만 원 초과는 30%를 소득공제 받을 수 있다. 2020년 12월 31일까지 〈투자·출자 대상과 공제율〉에 언급된 대상에 출자·투자하면 일정액을 공제받을 수 있다. 주의할 사항은 대상별로 공제율이 다르다는 점이다. 벤처기업투자신탁의 수익증권에 투자하는 경우, 1인당 투자금액은 3,000만 원까지 가능하다. 다만, 공제한도는 종합소득금액의 50%다.

투자 · 출자 대상과 공제율

투자 · 출자 대상	공제율	공제한도
중소기업창투조합,한국벤처투자조합, 신기술사업투자조합, 부품 · 소재전문투자조합 출자	투자 · 출자액의 10%	종합소득금액의 50%
벤처기업투자신탁의 수익증권 투자, 벤처기업펀드 투자		
창업 · 벤처전문 경영참여형 사모펀드 투자		
개인투자조합에 출자한 조합이 벤처기업에 투자	[투자 · 출자액] – 3,000만 원 이하: 100% – 3,000만 원 초과~5,000만 원 이하분: 70% – 5,000만 원 초과분: 30%	
벤처기업에 직접 투자		
온라인 소액투자중개 방법으로 창업한 7년 이내의 중소기업 지분증권에 투자		

예를 들어, 6,000만 원을 벤처기업에 직접 투자하면 소득공제액은 4,700만 원(=3,000만 원×100%+2,000만 원×70%+1,000만 원×30%)이다. 여기서 종합소득금액이 8,000만 원이라고 해보자. 종합소득금액의 50%인 4,000만 원을 넘을 수 없으므로, 4,000만 원만 공제받을 수 있다.

출자·투자 대상에는 벤처기업뿐만 아니라 기술성 평가를 통과한 중소기업 등도 포함된다. 또한 투자 방식도 다양하며, 위험성도 매우 크기 때문에 많은 조사가 필수다.

₩ 연도를 골라서 공제받는 것도 가능

투자·출자일부터 2년 되는 날이 속한 과세연도 중 공제받는 시기를 선택할 수 있다. 예를 들어 2019년 12월 3일, 벤처기업에 1,000만 원을 직접 투자했다고 하자. 2019년에 소득공제를 받을 수도 있지만, 2020년 또는 2021년 중 원하는 연도를 선택하여 공제받을 수도 있다. 따라서 출자·투자한 연도를 포함하여 가장 세금이 많을 것으로 추정되는 연도에 공제받으면 유리하다. 벤처기업 소득공제를 받으려면 투자확인서를 발급받아 제출하면 된다.

₩ 투자 · 출자 후 3년에 주목!

투자·출자 후 3년이 경과하기 전에 출자지분·투자지분을 이전·회수하는 경우나 벤처기업투자신탁의 수익증권을 양도·환매(일부 환매 포함)하는 경우, 공제 금액에 소득세를 추징한다.

한편, 개인이 직접 투자하거나 개인투자조합을 통해 투자한 경우도 있다. 이때 3년 이상된 주식을 매도하면 양도세 비과세를 받을 수 있다. 여기서 벤처기업은 창업 후 5년 이내인 기업 또는 벤처기업으로 전환한지 3년 이내인 곳이어야 한다. 다만, 투자자는 벤처기업의 특수관계자가 아니어야 한다.

중소기업창투조합이나 한국벤처투자조합 등에 출자하여 취득하는 경우에도 일정 요건을 갖추면 양도세를 비과세 받을 수 있다.

•TIP• 벤처기업에 투자할 때 소득공제 요건과 금액을 정확히 확인하자. 또한 주식 매도 시 비과세를 받을 수 있는지도 확인해야 한다.

10

월세 살고 있는데 월세 세액공제? 현금영수증공제? 뭐가 좋을까?

막내 신입이 "과장님 말씀 듣고 연금저축에 일부 불입했는데도 세금을 내야 해요. 더 이상 할 수 있는 게 없을까요?"하면서 한숨을 쉬었다. "자네 월세 살고 있지 않나? 올해 지급한 월세를 연말정산에 넣으면 월세액의 12%를 세액공제 받을 수 있어. 최대 90만 원 환급이 가능해. 집주인 동의는 없어도 돼. 다만, 세액공제를 받으려면 조건들이 있어"하고 말해 주었다.

₩ 월세 세액공제, 얼마나 받을까?

다음 5가지를 모두 충족하면 월세 세액공제를 받을 수 있다. 공제율은 월세 지급액의 12% 또는 10%다. 첫째, 총급여 7,000만 원 이하인 직장인이어야 한다. 둘째, 12월 31일 기준 무주택세대주여야 한다. 셋째, 전용면적 85㎡ 이하 또는 기준시가(주택공시가격) 3억 원 이하인 주택에 월세로 임차해야 한다. 여기서 주택은 주거용 오피스텔과

고시원도 포함된다. 다가구주택은 가구당 전용면적을 기준으로 한다. 넷째, 임대차계약서상 주소지와 주민등록상 주소지가 같아야 한다. 다섯째, 임대차 계약은 근로자, 근로자의 배우자 등 부양가족공제 대상자가 체결해야 한다.

월세 세액공제율은 총급여 5,500만 원(타소득 있을 경우 종합소득금액 4,000만 원) 이하면 월세 지급액(750만 원 한도)의 12%, 총급여 5,500만 원 초과~7,000만 원(타소득 있을 경우 종합소득금액 6,000만 원) 이하면 월세 지급액(750만 원한도)의 10%를 공제한다.

○ 월세공제 기준

총급여	세액공제액
5,500만 원 이하	적은 금액(월세액 혹은 750만 원 중)×12%
5,500만 원 초과~7,000만 원 이하	적은 금액(월세액 혹은 750만 원 중)×10%

예를 들어, 연봉 5,000만 원 직장인이 80만 원씩 1년간 960만 원의 월세를 냈다고 하자. 월세액이 750만 원을 초과하므로 750만 원의 12%(지방소득세 포함 시 13.2%)인 90만 원(지방소득세 포함 시 99만 원)을 세액공제 받을 수 있다.

•TIP• 월세 세액공제 받으려면 회사에 임대차계약서 사본, 주민등록등본, 월세 지급 증빙서류(계좌이체나 통장사본 등)를 제출하면 된다.

₩ 세액공제? 현금영수증공제?

총급여 7,000만 원이 넘는다면 현금영수증을 신청하여 소득공제 받아라. 월세 현금영수증은 '홈택스 홈페이지 → [상담/제보] → [현금영수증, 신용카드, 주택임차료 민원신고]에서 [현금거래 확인 신청서]' 작성 후 임대차계약서를 첨부하면 된다. 우편·서면으로 신청하고자 한다면 '현금거래 확인신청서'를 작성하고 임대차계약서 사본을 첨부하여 가까운 세무서에 제출하면 된다.

총급여 7,000만 원 이하 직장인은 월세 세액공제·현금영수증공제 중 하나를 선택하면 된다. 당연히 월세 세액공제가 세금환급액이 크다. 월세 세액공제·현금영수증 신청은 서류만 있다면 집주인 동의 없이 할 수 있다.

11

전월세보증금 대출 원금과 이자상환액도 공제받는다

김대리가 "나는 전세라서 아무런 혜택이 없어. 슬프다" 한마디 했다. 그러자 옆에 있던 박과장이 "김대리 자네 전세보증금을 은행에서 대출받았나? 아니면 개인에게서 빌렸나?"하고 물었다. 김대리는 "은행이요"하고 답했다. "그래? 그러면 자네도 혜택 받을 수 있어. 은행, 개인으로부터 전세보증금을 대출받아서 원금과 이자를 상환할 경우 조건만 충족하면 소득공제 최대 300만 원까지 받을 수 있어"하고 박과장이 설명해주었다.

₩ 대출금 공제받는 4가지 조건

은행에서 전세보증금을 대출받은 경우 4가지 조건을 모두 충족하면 최대 300만 원까지 소득공제 가능하다.

첫째, 과세기간 종료일(12월 31일)에 무주택세대주인 직장인이어야 한다. 세대주가 주택자금공제 및 주택마련저축공제를 받지 않은 경우,

근로자인 세대원이 공제받을 수 있다. 둘째, 국민주택규모(전용면적 85㎡) 이하 주택이나 주거 오피스텔을 임차해야 한다. 면적은 도시 지역이 아닌 읍·면 지역 100㎡ 이하면 된다. 임차주택이 다가구주택이면 가구당 전용면적을 기준으로 판단한다.

셋째, 임대차계약서상 입주일과 주민등록표상 전입일 중 빠른 날부터 3개월 이내에 차입해야 한다. 임대차계약을 연장·갱신하면서 차입할 경우, 연장일 또는 갱신일로부터 전후 3개월 이내 차입해야 한다. 넷째, 대출기관에서 차입금을 임대인의 계좌로 직접 입금해야 한다. 여기서 대출기관은 은행·수협·보험회사·상호저축은행·한국주택금융공사·국민주택기금 등이다.

소득공제액은 원금과 이자상환액의 40%지만, 연 300만 원을 초과하면 300만 원만 공제받는다.

대출받기 전에 이자상환액 소득공제가 가능한지 여부를 은행에 확인하고, 연말정산할 때는 연말정산간소화서비스에서 출력하여 제출하면 된다. 참고로 원천징수영수증상에는 '주택임차차입금 원리금상환액'으로 표시된다.

₩ 개인에게서 빌렸다면?

개인에게서 차입했을 때도 조건이 있다. 〈개인에게서 차입할 경우 공제조건〉과 같이 5가지 조건을 모두 충족하면 원리금상환액의 40%(연 300만 원 한도)까지 공제받을 수 있다.

○ 개인에게서 차입할 경우 공제조건

요건	내용
직장인 요건	연봉 5,000만 원 이하 & 과세기간 종료일 현재 무주택자 또는 세대주
주택 요건	국민주택규모 이하 주택과 주거에 사용하는 오피스텔
차입시기요건	임대차계약서상 입주일과 주민등록표상 전입일 중 빠른 날부터 전후 1개월 이내 차입
이자율 요건	기획재정부령이 정한 이자율(2.1%)보다 낮은 이자율로 차입한 자금이 아닐 것
대여자 요건	대부업 등을 영위하지 않는 개인으로부터 차입

보증금을 차입하면서 은행 · 개인이 아닌 소속회사 · 각종 공제회 등에서 차입한 경우에는 공제받을 수 없다.

12

주택, 분양권, 조합원입주권 매입할 때 담보대출 이자도 돌려받자

김대리가 "과장님, 만약 제가 이번에 당첨된 주택을 분양받는데, 입주시점에 자금이 부족해서 담보대출을 받았다고 하죠. 그러면 소득공제 받을 수 있나요?"하고 박과장에게 질문했다.

박과장이 "요건만 갖추면 대출 이자상환액에 대해 연 최대 1,800만원까지 소득공제 받을 수 있지. 자네를 포함한 대부분이 잘 모르더라고. 자네가 담보대출 받지 않아서 그렇기도 하고, 용어 때문일 수도 있어. 원천징수영수증에는 담보대출 이자상환액으로 표시되지 않아. 장기주택저당차입금 이자상환액으로 표시되어 있거든"하고 말해주자 김대리는 "장기주택저당… 뭐라고 하셨죠?" 당황하며 되물었다.

₩ 5가지 소득공제 요건을 모두 충족하라

담보대출 소득공제를 받으려면 다음 5가지 요건을 모두 충족해야 한다.

첫째, 차입당시 무주택 또는 1주택을 보유하고 있는 직장인 세대주로서 과세기간 종료일(12월 31일)에 차입주택만 보유해야 한다. 세대주가 월세공제액, 주택마련저축공제, 주택임차차입금공제를 받지 않는 경우에 한하여 세대원인 직장인도 적용받을 수 있다. 다만 해당 주택에 실제 거주해야 한다. 둘째, 취득 당시 공시가격 5억 원 이하인 주택이어야 한다.

셋째, 소유권이전등기일 또는 보존등기일부터 3월 이내에 차입해야 한다. 넷째, 금융회사, 국민주택기금에서 한 차입이며, 상환기간이 10년 이상 또는 15년 이상이어야 한다. 다섯째, 장기주택저당차입금의 채무자가 저당권이 설정된 주택의 소유자여야 한다.

특히 세대원이 보유한 주택을 포함하여 직장인이 과세기간 종료일(12월 31일)에 2주택 이상을 보유하는 경우, 공제받을 수 없다.

•TIP• 2019년 이전 주택을 취득하고 담보대출을 받은 경우, 연도별로 소득공제 요건과 공제한도가 다르다(〈연도별 주택담보대출 소등공제 요건〉 참조).

₩ 소득공제액은 얼마일까?

소득공제 한도액은 상환기간과 상환방식에 따라 300만 원에서 최대 1,800만 원까지 받을 수 있다. 소득공제액은 실제 상환한 이자액과 소득공제 한도액 중 적은 금액을 기준으로 산정한다. 소득공제 한도액은 상환기간(10년 이상 또는 15년 이상)과 상환방식 종류(고정금리·변동금리·비거치식 등)에 따라 〈상환방식에 따른 공제한도〉처럼 차이가 난다.

예를 들어, 상환기간 15년 이상, 고정금리·비거치식 분할상환방식으로 차입하며 2019년 이자상환액이 2,000만 원이라고 해보자. 2019년도 소득공제액은 1,800만 원(=1,800만 원과 2,000만 원 중 적은 금액)이 된다.

상환방식에 따른 공제한도

만기	상환방식	개별공제한도	최종 공제한도
15년 이상	고정금리방식+비거치식 분할상환방식	연 1,800만 원	주택마련저축공제액+주택임차차입금 원리금상환액공제액+장기주택저당차입금 이자상환 공제액≦연 1,800만 원
	고정금리방식 또는 비거치식 분할상환방식	연 1,500만 원	주택마련저축공제액+주택임차차입금 원리금상환액공제액+장기주택저당차입금 이자상환 공제액≦연 1,500만 원
	위 이외 방식	연 500만 원	주택마련저축공제액+주택임차차입금 원리금상환액공제액+장기주택저당차입금 이자상환 공제액≦연 500만 원
10년 이상	고정금리방식 또는 비거치식 분할상환방식	연 300만 원	주택마련저축공제액+주택임차차입금 원리금상환액공제액+장기주택저당차입금 이자상환 공제액≦연 300만 원

고정금리방식이란 차입금의 70% 이상에 해당하는 이자를 상환기간 동안 고정금리(5년 이상 단위로 금리를 변경하는 경우 포함)로 내는 것을 말한다. 비거치식 분할상환방식은 이자만 내는 거치기간 없이 원금과 이자를 같이 다달이 갚는 방식이다. 다음의 식을 적용하면 된다.

$$\frac{\text{차입금의 70\%}}{\text{상환기간 연수*}}$$

*상환기간 연수 중 1년 미만의 기간은 1년으로 본다

또한 담보대출을 다른 금융기관으로 이전할 때 총 상환기간 15년 이상이면 소득공제를 받을 수 있다. 이때 총 상환기간은 기존의 최초 차입일을 기준으로 한다. 상환기간 15년 미만이었던 담보대출을 상환하고, 15년 이상으로 연장한 경우에도 공제받을 수 있다. 다만, 기존의 다른 요건이 모두 충족되어 있어야 한다.

•TIP• 대출 받기 전 이자상환액 소득공제가 가능한지 여부를 은행에 확인하자. 연말정산 때에는 연말정산간소화서비스에서 출력하여 제출하면 된다. 참고로 원천징수영수증 상에는 '장기주택저당차입금 이자상환액'으로 표시된다.

○ 연도별 주택담보대출 소득공제 요건

항목	공제요건
장기주택 저당 차입금 이자상환액	2000.1.1. ~ 2003.12.31. 이전 차입 ① 12.31. 현재 세대주 ② 2003.12.31. 이전 국민주택규모 이하의 주택 취득 ③ 주택에 저당권 설정하고 등기 후 3개월 이내에 차입 ④ 10년 이상~15년 미만 차입한 장기주택저당차입금의 이자를 상환한 경우
	2004.1.1. ~2005.12.31. 사이 차입금 ① 12.31. 현재 세대주 ② 2004.1.1. 이후 국민주택규모 이하의 주택 취득 ③ 주택에 저당권을 설정하고 등기 후 3개월 이내에 차입 ④ 15년 이상 차입한 장기주택저당차입금의 이자를 상환한 경우(거치기간 3년 이하)
	2006.1.1. ~ 2008.12.31. 차입금 ① 차입당시 무주택자로 12.31. 현재 세대주 ② 국민주택규모 이하, 공시가격 3억 원 이하인 주택 취득 ③ 주택에 저당권 설정하고 등기 후 3개월 이내에 차입 ④ 15년 이상 차입한 장기주택저당차입금의 이자를 상환한 경우(거치기간 3년 이하)
	2009.1.1. ~ 2011.12.31. 차입금 ① 차입당시 무주택자로 12.31. 현재 세대주 ② 국민주택규모 이하, 공시가격 3억 원 이하인 주택 취득 ③ 주택에 저당권 설정하고 등기 후 3개월 이내에 차입 ④ 15년 이상 차입한 장기주택저당차입금의 이자를 상환한 경우
	2012.1.1. 이후 차입금 ① 차입당시 무주택자로 12.31. 현재 세대주 ② 국민주택규모 이하, 공시가격 3억 원 이하인 주택 취득 ③ 주택에 저당권을 설정하고 등기 후 3개월 이내에 차입 ④ 15년 이상 차입한 장기주택저당차입금의 이자를 상환한 경우
	2014.1.1. 이후 차입금 ① 차입당시 1주택자 이하자로 12.31. 현재 차입주택만 보유한 세대주(2주택이면 공제 불가) ② 국민주택규모 이하, 공시가격 4억 원(2019년 이후 5억 원) 이하인 주택 취득 ③ 주택에 저당권을 설정하고 등기 후 3개월 이내에 차입 ④ 15년 이상 차입한 장기주택저당차입금의 이자를 상환한 경우
	분양권: 조합원입주권, 일반분양권 ① 무주택자인 세대주 ② 국민주택규모 이하의 주택분양권으로 분양가격 4억 원 이하 ③ 상환기간 15년 이상 ④ 주택 완공 시 장기주택저당차입금 전환특약 조건 차입

공제금액	참고사항	제출서류
〈한도〉 600만 원		
〈한도〉 1,000만 원, 1,500만 원(30년)	① 근로자 본인명의 주택에 본인명의의 대출만 공제(공통요건) ② 공동명의 주택이더라도 본인명의 대출인 경우 공제가능 ③ 세대주(부모, 배우자)가 주택자금공제를 받지 않으면 세대원 명의의 주택도 공제가능 ④ 구주택의 대출금을 승계해도 공제가능	차입금이자상환증명서, 주민등록등본, 건물 등기부등본, 개별주택가격확인서, 공동주택 가격확인서
〈한도〉 1. 만기: 15년 이상 ① 고정금리 & 비거치식: 1,800만 원 ② 고정금리: 1,500만 원 ③ 비거치식: 1,500만 원 ④ 그 외: 500만 원 2. 10년 이상~15년 미만: 300만 원		
상환액 전액 연도별 차입설정 한도 내		차입금이자상환증명서, 주민등록등본, 분양계약서 사본

13번째 월급을 찾아라

담보대출 이자상환액 공제와 전세보증금대출 원리금상환액 공제는 실제 이자율을 따져야 한다

영업부 최대리가 "저는 3년 전에 은행 담보대출을 받았는데, 그때부터 이자상환액 소득공제를 계속 받고 있어요"라고 말했다. 그러자 박과장이 "그런가? 혹시 이자상환액 공제로 인한 실제 이자율은 계산해보았나?"하고 묻자, 최대리는 "아니요, 이자상환액 공제받으면 이자율은 내려가지 않나요?"하고 되물었다. 이에 박과장은 "당연하지. 이자상환액 소득공제를 받으면 실제 이자율이 내려가지. 그런데 이자상환액 소득공제를 받지는 못하는 담보대출 이자율보다 낮은지 높은지를 따져 보아야 해"하고 설명했다.

① 소득공제로 인한 이자율 인하효과, 어떻게 아나?

담보대출 이자상환액 소득공제의 이자율 인하효과를 알려면 우선 본인의 과세표준을 확인해야 한다. 원천징수영수증 2쪽 48번의 '종합소득 과세표준'을 확인하라. 이후 〈과세표준에 따른 이자율〉에서 내 과세표준에 해당하는 절세율과 차입이자율을 곱하면 이자율 인하효과를 알 수 있다.

② 예시로 보는 실제 이자율

○ 과세표준에 따른 이자율

(단위: %)

과세표준	절세율	차입 이자율	이자율 인하효과	실제 이자율
833만 원 이하	2.97		4×2.97=0.12	4-0.12=3.88
833만 원 이하~1,200만 원 초과	4.62		4×4.62=0.15	4-0.15=3.85
1,200만 원 이하~1,553만 원 초과	11.55		4×11.55=0.46	4-0.46=3.54
1,553만 원 이하~4,600만 원 초과	16.5		4×16.5=0.66	4-0.66=3.34
4,600만 원 이하~8,800만 원 초과	26.4	4	4×26.4=1.06	4-1.06=2.94
8,800만 원 이하~1억 5,000만 원 초과	38.5		4×38.5=1.54	4-1.54=2.46
1억 5,000만 원 이하~3억 원 초과	41.8		4×41.8=1.67	4-1.67=2.33
3억 원 이하~5억 원 초과	44		4×44=1.76	4-1.76=2.24
5억 원 초과	46.2		4×46.2=1.848	4-1.848=2.152

예를 들어, 담보대출 2억 원에 이자율 4%로 이자 800만 원을 상환했다고 해보자. 과세표준 7,000만 원인 사람은 이자상환액 800만 원에 대해 211만 2,000원(=800만 원×26.4%)의 세금을 환급받는다. 따라서 세금환급액을 차감한 588만 8,000원(=800만 원 - 211만 2,000원)이 실제 이자가 되며, 이자율은 2.94%(=588만 8,000원÷2억 원)다.

소득공제 받을 수 있는 대출상품의 실제 이자율이 공제받지 못하는 담보대출 이자율보다 높다면 절세를 포기하는 것이 좋다.

과거 5년의 월세와 담보대출 이자상환액도 돌려받을 수 있다?

막내 신입 사원이 박과장에게 "작년, 재작년에 낸 월세도 돌려받을 수 있나요?"하고 물었다. 박과장은 "가능하지. 전에 말한 세액공제 요건만 맞으면 가능해. 단, 재작년 지급한 월세는 돌려받을 수 없어"하고 말하자 신입이 "왜요?"하면서 되물었다. 이에 박과장은 "재작년에 자네는 직장에 다니지 않았잖아. 직장 다니고 있는 동안에 낸 월세만 공제대상이기 때문이야"하고 말했다.

① 월세와 담보대출공제는 5년 치를 한꺼번에 청구할 수 있다

과거 5년간의 월세·담보대출 이자상환액·전세보증금대출 원리금상환액 공제를 받지 못했는가? 그렇다면 해당 연도 연말정산 때 경정청구로 돌려받을 수 있다. 특히 가장 많이 놓치는 아파트 분양권·조합원입주권 대출의 이자상환액 공제를 잘 확인하자.

주소지 관할 세무서 또는 홈택스에 관련 증빙서류를 제출하면 된다. 주의사항은 연도별로 공제 요건과 공제액이 다르기 때문에, 해당 연도의 공제요건·공제액을 정확하게 확인해야 한다는 점이다.

② 분양권 대출과 재개발 · 재건축 조합원입주권 대출도 공제 가능하다

아파트 등 주택 분양권 또는 재개발·재건축 조합원입주권 대출금도 〈분양권·조합입주권 관련 공제 요건〉을 갖추면 주택담보대출 이자상환액과 동일하게 소득공제를 적용받는다. 최고 1,800만 원까지 가능하다. 다만 주택 완공 시 장기주택저당차입금으로 전환한다는 특약이 있어야 한다.

○ 분양권 · 조합입주권 관련 공제 요건

요건	내용
차입자	• 분양권 취득당시 무주택세대주인 근로자 예외) 세대원: 무주택 근로자로 세대주가 월세공제액, 주택마련저축공제, 주택임차차입금공제 받지 않는 경우에 한해 적용받을 수 있음. 이때 해당 주택에 실거주해야 함
분양권 (입주권)	• 분양가격(입주권가격) 4억 원(2013년 이전: 3억 원) 이하 • 조합원입주권의 입주권 가격 산정 – 청산금을 납부한 경우: 기존 건물과 그 부수토지의 평가액 + 납부한 청산금 – 청산금을 지급받은 경우: 기존 건물과 그 부수토지의 평가액 – 지급받은 청산금
분양권 수	분양권 둘 이상 보유하게 된 경우, 그 보유기간이 속하는 과세기간에는 소득공제 적용하지 않음
차입 조건	주택 완공 시 장기주택저당차입금으로 전환할 것을 조건으로 함(주택의 완공 전에 해당 차입금의 차입요건을 동 주택 완공 시 장기주택저당차입금으로 전환할 것을 조건으로 변경하는 경우 포함)
소유자와의 관계	채무자와 소유자가 동일할 것

PART 7

알아두면 유용한 연말정산 상식

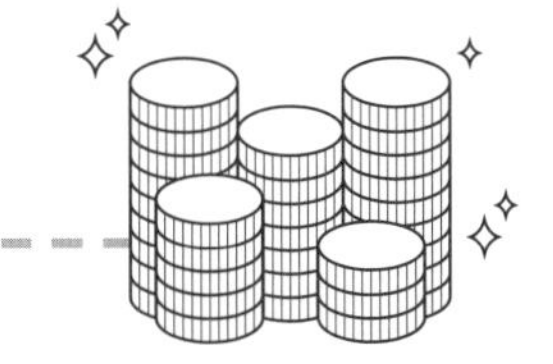

01

퇴직자 연말정산은 어떻게 해야 할까?

최대리가 "과장님, 저희 아버지께서 2019년 8월에 정년퇴직하셨는데 연말정산해야 하나요?"하고 물었다. 박과장이 "2019년 8월에 퇴사라… 아버님께서 퇴사하실 때 회사에서 이미 2019년 1월부터 8월 퇴사일까지의 급여에 대해 연말정산했을 거야"하고 말하자 최대리가 "그럼 아버지께서는 별도로 연말정산하지 않으셔도 되겠네요?"하고 물었다.

이에 박과장은 다음과 같이 설명해주었다. "회사에서는 일반적으로 퇴사자에 대해 기본공제만 반영하기 때문에 누락된 공제들이 많다네. 그러니 신용카드·의료비 등 누락된 공제들을 다시 신고해야 해. 퇴사한 다음 연도인 2020년 5월 1일~5월 31일의 확정신고납부기간에 하면 된다네"

₩ 누락된 공제를 챙겨라

퇴직자 중 상당수가 회사에서 연말정산을 잘 처리하는 줄 아는데 실상은 그렇지 않다. 대부분 간단하게 하기 때문에 누락되는 공제가 많다. 각종 서류를 퇴직 전 미리 제출하지 않는다면, 회사는 근로소득공제, 기본공제, 표준공제만 반영하여 세액을 계산한다. 따라서 누락된 부분은 본인이 직접 챙겨야 한다.

이렇게 누락되어 공제받지 못한 경우에는 다음해 5월 1일~5월 31일 중 주소지 관할 세무서에 확정신고하면 된다. 다만, 퇴직하는 회사에서 받은 원천징수영수증의 결정세액이 0인 경우 추가로 받을 금액은 없다.

퇴직자 연말정산 시 주의할 내용이 또 있다. 바로 재직기간 중에만 인정되는 공제항목이 있다는 점이다. 각종 항목을 꼼꼼히 챙겨 불이익이 없도록 해야 한다.

○ 연말정산 시 인정되는 공제항목

구분		내용
재직기간 사용액만 인정되는 공제항목	☞	보험료 · 신용카드 · 의료비 · 교육비 · 주택자금공제 · 월세액 · 주택마련저축공제는 퇴사 전 지출한 금액만 공제
퇴사 후 사용액도 인정되는 공제항목	☞	기부금 · 연금저축 · 벤처기업 투자 등은 퇴사 이후 지출해도 공제 적용

₩ 환급세액이 있는지 확인하고 받아내라

퇴직하는 회사로부터 원천징수영수증을 수령하여 원천징수세액 적정 여부·환급 여부를 확인해야 한다. 원천징수영수증 '차감징수세액'란의 금액이 마이너스(-)일 때, 해당 금액을 근로자가 환급받게 된다(회사로부터 이를 받아야 한다).

회사가 환급액을 지급하지 않는 경우, 청구권이 발생해 체불 임금과 동일한 방법으로 받을 수 있다. 참고로 임금, 퇴직금, 해고 등에 관해서는 고용노동부 고객상담센터 1350번으로 문의하라.

○ 「근로기준법」 위반 판시

• 대법원 2009도2357(2011년 5월 26일 선고)

「소득세법」 제137조에 따른 근로소득세액 연말정산 환급금은 당해 연도에 이미 원천징수하여 납부한 소득세가 종합소득산출세액에서 「소득세법」 제137조의 세액공제한 금액을 초과하는 경우, 그 초과액을 근로소득자에게 「소득세법」 시행령이 정하는 바에 따라 환급하는 것이다.

따라서 「근로기준법」 제36조에서 정한 '근로자가 사망 · 퇴직한 경우에 사용자가 그 지급사유가 발생한 때부터 14일 이내에 지급해야할 임금, 보상금, 그 밖에 일체의 금품'에 해당한다고 판시한다.

02

중소기업 취업자는 소득세 감면받을 수 있다고?

막내 신입이 박과장에게 "연말정산했더니 세금을 100만 원 넘게 내야 해요. 남들은 환급 보너스 받는데 저만 많이 토해내요. 연말정산이 힘들어요"라며 힘없이 말했다.
이 얘기를 들은 박과장이 웃으며 말해주었다. "자네가 환급받을 수 있는 게 하나 더 있지. 우리 회사가 중소기업이거든. 중소기업에 취업한 만15세 이상~34세 이하 청년은 5년간 근로소득세의 90%를 연 150만 원을 한도로 세액감면 받을 수 있어. 그러니 감면신청을 하게나"

₩ 중소기업 청년 근로자라면 소득세 감면받는다

만15세 이상~34세 이하(병역근무기간 제외: 한도 6년)인 청년, 60세 이상 근로자, 장애인, 경력단절여성이 중소기업에 취업할 경우 세액을 감면받을 수 있다. 2014년 1월 1일~2021년 12월 31일 취업의 경우 감면율은 다음과 같다.

○ 감면대상과 감면율/감면한도

취업 시기	감면대상	감면율	감면기간	감면한도
2018년 이후	청년	소득세의 90%	5년	연 150만 원
	60세 이상자, 장애인, 경력단절여성	소득세의 70%	3년	연 150만 원
2016~2017년	청년, 60세 이상자, 장애인, 경력단절여성	소득세의 70%	3년	연 150만 원
2014~2015년	29세 이하 청년, 60세 이상자, 장애인	소득세의 50%	3년	한도 없음

병역을 마치고 1년 이내에 복직한 경우 복직일로부터 2년간(복직일이 최초 취업일로부터 5년 이내인 경우 최초 취업일로부터 7년간) 감면된다. 감면세액은 다음과 같이 계산한다. 2016년 이후 취업자일 때 감면세액이 연 150만 원을 초과할 경우, 150만 원까지만 감면된다.

○ 감면세액 계산

$$\text{근로소득 산출세액} \times \frac{\text{감면대상 중소기업체로부터 받는 총급여액}}{\text{해당 근로자의 총급여액}} \times \text{감면율}$$

장애인은 「장애인복지법」상 장애인과 「국가유공자 등 예우 및 지원에 관한 법률」에 따른 상이자, 5·18민주화운동부상자, 고엽제후유증환자로서 장애등급판정 받은 자를 말한다. 경력단절여성은 해당 기업에서 1년 이상 근무 후 임신·출산·육아 때문에 퇴직한 여성을 말한다. 다만 퇴사일로부터 3년 이상~10년 미만의 기간이 지나야 한다.
임원, 최대주주, 일용근로자, 국민연금·건강보험료 납부사실이 확인되지 않는 사람은 중소기업에 취업했더라도 세액감면을 받을 수 없다.

단, 국민연금·건강보험료 납부사실이 확인되지 않아도 4대보험 가입 대상이 아닌 자는 감면받을 수 있다.

₩ 감면받는 중소기업이 따로 있다?

다음 업종의 중소기업이어야 감면받을 수 있다.

○ 감면받는 중소기업 업종

농업, 임업 · 어업, 광업, 제조업, 전기 · 가스 · 증기 · 수도사업, 하수 · 폐기물처리 · 원료재생 및 환경복원업, 건설업, 도매 · 소매업, 운수업, 숙박 · 음식점업(주점 · 비알콜 음료점업 제외), 출판 · 영상 · 방송통신 · 정보서비스업(비디오물 감상실 운영업 제외), 부동산업 · 임대업, 연구개발업, 광고업, 시장조사 · 여론조사업, 건축기술 · 엔지니어링 및 기타 과학기술서비스업, 기타 전문 · 과학 · 기술 서비스업, 사업시설관리 · 사업지원 서비스업, 기술 · 직업훈련 학원, 사회복지 서비스업, 수리업을 주된 사업으로 영위하는 기업을 말한다. 다만 국가 · 지방자치단체(지방자치단체조합 포함), 「공공기관의 운영에 관한 법률에」 따른 공공기관, 「지방공기업법」에 따른 지방공기업은 제외한다.

법무, 회계·세무 등 전문서비스업, 병원·의원 등 보건업, 금융·보험업, 예술·스포츠·여가 서비스업, 교육서비업, 기타 개인 서비스업, 공공기관·지방공기업은 감면대상에 해당하지 않는다.

근로자는 감면신청서를 취업일의 다음 달 말일까지 회사에 제출해야 한다. 회사는 감면대상 명세서를 근로자가 신청한 달의 다음 달 10일까지 관할 세무서에 제출해야 한다. 제때 감면신청하지 못한 경우 연말정산 전까지 신청하면 된다. 중소기업에 취업했으나 몇 년 동안 감면신청을 못했을 수도 있다. 이 경우, 과거 연도에 대해서도 적용받을 수 있다.

03

스톡옵션도 소득세를 낼까?

김대리가 박과장에게 "친구가 스톡옵션을 받는다고 하는데, 세금은 어떻게 되나요?"하고 물었다.

박과장은 "스톡옵션 받을 때는 아무런 세금이 없어. 스톡옵션을 행사해서 이익이 발생하면 소득세를 내야 하지. 근데 벤처기업 임직원은 비과세 등의 특례가 있어. 그 외는 재직 중 행사하느냐 아니면 퇴사 후 행사하느냐에 따라 근로소득·기타소득으로 과세를 하지. 스톡옵션 행사로 취득한 주식을 매도할 때는 양도세를 별도로 내야 해"하고 설명했다. 이에 김대리는 "복잡하네요"라며 얼굴을 찌푸렸다.

₩ 스톡옵션이란?

스톡옵션이란 회사 주식을 특정 가격에 살 수 있는 권리다. 이는 회사가 임직원 사기진작 등의 사유로 지급하는 것이다. 스톡옵션을 부여받은 임직원은 사전에 세금을 검토해봐야 한다. 추후 나의 결정에 따라 세금차이가 크기 때문이다.

스톡옵션과 관련 세금은 2가지다. 하나는 스톡옵션 행사로 주식을 취득할 때 내는 소득세고, 다른 하나는 취득한 주식을 매도할 때 내는 양도세다. 스톡옵션 자체를 받을 때는 세금이 발생하지 않는다.

○ 스톡옵션 살펴보기

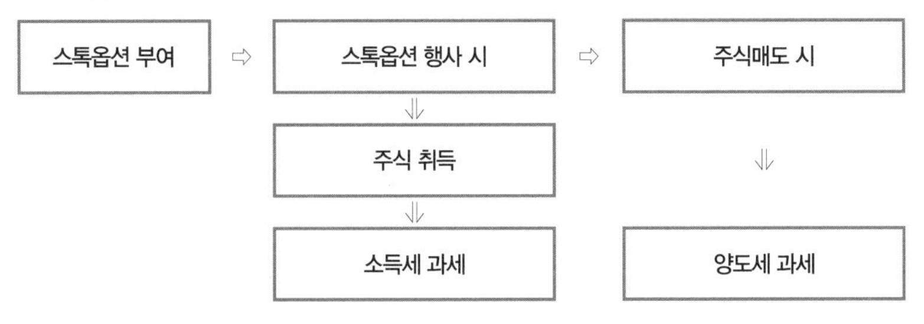

ⓦ 스톡옵션 소득세를 내는 경우

스톡옵션을 행사하면 특정 가격(행사가격이라 함)으로 주식을 매수할 수 있다. 이때 주식 거래시세가 행사가격보다 높으면 싸게 매입하는 셈이다. 이 이익에 대해 소득세가 과세되는데 재직 중이라면 근로소득으로, 퇴사 후에는 기타소득으로 과세된다(벤처기업 이외 기업 스톡옵션일 때 소득세 발생).

○ 스톡옵션과 과세여부

행사시기	소득세 과세여부	내용
재직 중 행사	근로소득으로 과세	행사이익과 급여를 합산하여 6.6~46.2%로 과세
퇴사 후 행사	기타소득으로 과세	기타소득 합계액이 300만 원 이하면 분리과세, 300만 원 초과일 땐 다른 소득과 합산하여 6.6~46.2%로 과세

스톡옵션 행사로 얼마의 세금이 발생하는지 알려면 우선 스톡옵션 행사이익을 계산해야 한다. 그다음 스톡옵션에 적용되는 세율을 곱하면 된다. 예시를 보자.

○ 스톡옵션 행사 예시

직원 A씨의 스톡옵션 내용은 다음과 같다.
- 스톡옵션: 주당 5,000원에 1만 주를 매입할 수 있음
- 스톡옵션 행사: 부여받은 날로부터 2년 후 전부 행사, 행사시점의 시가는 주당 1만 원

① 스톡옵션 행사이익은 얼마인가?
: 스톡옵션 행사이익 = 1만 주×1만 원−1만 주×5,000원=5,000만 원
: 스톡옵션의 행사이익은 '행사시점의 시가 − 실제매수가액'이다.

② A씨의 과세표준이 8,800만 원이라고 할 때 스톡옵션 행사이익에 대한 세금은?
: 스톡옵션 행사이익에 대한 세금 = 5,000만 원×38.5%=1,925만 원
: 과세표준이 8,800만 원이므로 추가 금액은 38.5%를 적용받는다.

참고로 행사시점의 시가를 알아본다면, 상장주식의 경우 '행사일의 종가'이고, 비상장주식은 '불특정다수인간의 거래가격 → 감정가액 → 상속세 및 증여세법상 평가액' 순으로 결정한다.

₩ 벤처기업 임직원의 소득세는?

벤처기업 임직원의 스톡옵션 행사이익에 대해서는 소득세를 비과세한다. 단, 2018년 1월 1일 이후 받은 스톡옵션이어야 하며, 이익도 연 2,000만 원 이내여야 한다. 또한 〈적격주식매수선택권의 요건〉을 갖춘 주식매수선택권(적격주식매수선택권)인 경우, 그 행사이익에 대

해서도 소득세를 과세하지 않는다. 적격주식매수선택권을 부여받은 임직원이 지배주주와 발행주식총수의 10%를 초과하여 보유한 주주 및 주식매수선택권을 모두 행사하는 경우는 제외된다.

○ 적격주식매수선택권의 요건

① 「벤처기업육성에 관한 특별조치법」 제16조의 3에 따른 주식매수선택권으로서 다음 요건을 갖출 것
- 벤처기업이 주식매수선택권을 부여하기 전에 주식매수선택권의 수량 · 매수가격 · 대상자 · 기간 등에 관하여 주주총회의 결의를 거쳐 벤처기업 임직원과 약정할 것
- 다른 사람에게 주식매수선택권을 양도할 수 없음
- 「벤처기업육성에 관한 특별조치법」 제16조의 3 제1항에 따른 주주총회의 결의가 있는 날부터 2년 이상 해당 법인에 재임 · 재직한 후 주식매수선택권을 행사할 것
- 「벤처기업육성에 관한 특별조치법」 제11조의 3 제3항에 따라 부여받은 주식매수선택권이 아닐 것

② 주식매수선택권의 행사일부터 역산하여 2년 되는 날이 속하는 과세기간부터 해당 행사일이 속하는 과세기간까지 전체 행사가액의 합계액이 5억 원 이하일 것

₩ 주식 매도할 때 양도세는?

스톡옵션으로 취득한 주식을 매도해서 매매차익이 발생하면 〈스톡옵션 행사 후 양도세 계산〉처럼 양도세를 내야 한다. 다만 거래소와 코스닥 주식으로 소액주주가 장내에서 매도하면 양도세를 비과세 받는다. 이 외 경우에는 매매차익에 대해 양도세를 내야 한다.

양도차익은 매도가격에서 행사시점의 시가와 필요경비를 차감한다. 적격주식매수선택권 행사로 취득한 주식은 행사 당시 매도가격에서 실제 매수가격과 필요경비를 차감한다.

○ 스톡옵션 행사 후 양도세 계산

		양도차익	양도세
거래소 · 코스닥	대주주	매도가격에서 행사 시점의 가격과 필요경비 차감	① 중소기업주식: 10% ② 1년 이상 보유한 대기업주식: 20% ③ 1년 미만 보유한 대기업 주식: 30%
	소액주주		비과세 단, 장외매도 과세(세율은 상동)
비상장주식			① 중소기업주식: 10% ② 1년 이상 보유한 대기업주식: 20% ③ 1년 미만 보유한 대기업 주식: 30%
해외주식			20%

04

연말정산 후 추징 나오는 몇 가지 경우

김대리가 "과장님 덕분에 이번 연말정산에서 환급 많이 받고 잘 끝냈습니다. 고맙습니다"하고 고마움을 표했다. 그러자 박과장이 "도움 되었다니 다행이네. 혹시 연말정산에서 과다공제가 있는지 확인하게"하고 말했다. 이를 들은 김대리가 "과다공제요?"하고 물었다. 이에 대해 박과장은 "매년 연말정산 후 과다공제로 가산세와 함께 세금을 추징당하는 사례들이 많다네. 대표적인 게 소득 있는 가족을 부양가족공제 받았거나 형제가 부모를 중복해서 공제받은 것이지. 또한 주택자금공제도 요건을 잘못 알고 공제받는 경우도 많고 기부금을 허위로 신청한 경우도 있다네"하고 설명해주었다.

₩ 과다공제로 추징당하는 대표적인 유형 4가지

자주 발생하는 과다공제 유형을 알아보자. 첫째, 부양가족공제를 잘못 받은 경우다. 특히 부모의 소득이 연 100만 원을 초과하는 경우가 많다. 따라서 사전에 부모의 소득이 있는지 알아봐야 한다. 세무서나 홈택스에서 확인할 수 있다.

둘째, 가족을 이중공제 받는 경우다. 특히 형제가 부모를 중복해서 공제받거나 맞벌이 부부가 자녀를 중복해 공제받는 경우가 많다. 사전에 충분한 의사소통으로 예방하자.

셋째, 주택자금 과다공제다. 장기주택저당차입금의 이자상환액공제나 주택임차차입금의 원리금상환액공제 등 주택자금공제에서 추징당하는 사례가 많다. 대부분 다음에 해당하는 사례들이다.

- 과세기간 종료일 현재 2주택을 보유한 직장인이 장기주택저당차입금 이자상환액을 공제받은 것
- 직장인이 배우자 명의 주택에 대해 장기주택저당차입금 이자상환액을 공제받은 것
- 주택 보유 세대의 세대주인 직장인이 주택임차차입금 원리금상환액을 공제받은 것
- 보유주택 판정 시 세대원 보유 주택을 합산하지 아니하고 주택자금을 공제받은 것

넷째, 기부금 과다공제다. 특히 허위로 영수증을 작성하는 경우가 많다. 교회 헌금, 사찰의 시주 등 종교 단체 관련하여 자주 발생하는데 이는 명백한 탈세다.

- 허위 또는 과다하게 작성된 기부금영수증을 이용하여 공제받은 것
- 적격 기부금영수증 발급단체가 아닌 곳에서 받은 기부금영수증

₩ 과다공제 고지서를 받았다면?

세무서에서 과다공제 안내를 받았을 때 가장 먼저 해야 할 일은 '정말 과다공제가 맞는지' 확인해야 한다. 보통 세무전문가에게 자문을 구한다. 과다공제가 맞다면 기한 내에 세금을 내야 한다. 과다공제가 아님에도 통보를 받았다면, 관련 증빙자료를 담당세무공무원에게 제출하면 된다.

05

과거에 놓친 연말정산 환급액을 찾아라

김대리가 박과장에게 "과장님 이번 연말정산하다가 2년 전부터 장모님의 장애인공제를 놓친 것을 알게 되었어요. 이것도 돌려받을 수 있나요?"하고 문의했다. 이에 박과장은 "가능하다네. 홈택스 또는 주소지 관할 세무서에 경정청구하면 돌려받을 수 있어"하고 설명해주었다.

₩ 과거에 누락한 공제, 돌려받자

부양가족공제·신용카드·의료비·보험료·기부금·교육비 등 각종 공제를 누락하여 연말정산했다면 경정청구를 통해 돌려받을 수 있다. 경정청구기간은 5년이다.

홈택스 또는 세무서에 청구하면 된다. 홈택스로 경정청구하는 방법은 '신고/납부 → 세금신고의 종합소득세 → 근로소득자 신고서의 경정청구작성' 순서다.

○ 경정청구기간

발생기간	
2014년 근로소득	2015년 6월 1일~2020년 5월 31일까지
2015년 근로소득	2016년 6월 1일~2021년 5월 31일까지
2016년 근로소득	2017년 6월 1일~2022년 5월 31일까지
2017년 근로소득	2018년 6월 1일~2023년 5월 31일까지
2018년 근로소득	2019년 6월 1일~2024년 5월 31일까지
2019년 근로소득	2020년 6월 1일~2025년 5월 31일까지

₩ 자주 놓치는 사례를 체크하라

다음은 연말정산에서 자주 놓치는 사례이므로 체크해보면 도움이 된다. 경정청구 전 반드시 해당 연도의 공제요건을 충족했는지 확인해야 한다.

- 가족 중 암이나 중증질환 등으로 치료받았는데 장애인공제를 받지 못한 경우: 병원이나 의원 등에서 장애인증명서를 발급받아야 한다.
- 무주택세대주로 월세 세액공제를 받지 못한 경우
- 퇴사한 연도에 대해 회사의 약식 연말정산으로 종결된 경우
- 회사에 알리고 싶지 않아서 일부러 누락한 공제가 있는 경우
- 중소기업취업자 세액감면을 받지 않은 경우
- 따로 살고 있는 부모님 등에 대해 부양가족공제를 받지 않은 경우
- 무주택자가 주택을 구입하면서 담보대출 받았는데 그에 대한 담보대출 이자상환액공제를 받지 않은 경우

PART 2. 환급 많이 받으려면 부양가족이 중요하다!

배우자

Q 결혼할 상대가 소득이 없어도 공제 가능한가요?

A 혼인신고하면 배우자공제 150만 원을 받을 수 있다.

Q 배우자가 육아휴직급여를 받고 있습니다. 배우자공제가 되나요?

A 육아휴직급여는 비과세 소득이다. 따라서 육아휴직급여를 제외한 소득이 100만 원 이하면 배우자공제를 받을 수 있다. 또한 배우자가 지출한 신용카드 · 의료비 · 기부금 등 모두 연말정산에 포함할 수 있다.

Q 소득 없는 배우자와 연도 중에 이혼했는데 공제 가능한가요?

A 이혼했다면 배우자공제를 받을 수 없다. 다만, 이혼 전 발생한 배우자의 의료비 · 교육비 · 신용카드 · 기부금 등은 공제받을 수 있다.

직계존속

Q 아버지가 재혼하셨는데 친모, 계모에 대한 공제는 어떻게 되나요?

A 친모, 계모 모두 연소득 100만 원 이하, 만60세 이상, 직장인이 부양한다면 부양가족공제를 받을 수 있다. 또한 친모, 계모의 신용카드 · 의료비 · 기부금 등도 공제받을 수 있다.

Q 올해 사망한 가족의 공제도 가능한가요?

A 올해까지 부양가족공제를 받을 수 있다. 사망일까지 지출한 의료비 · 기부금 · 신용카드 등 지출도 가능하다.

Q 건강보험증에 등재되지 않은 경우 부모님도 공제를 받을 수 있나요?

A 나이 · 연소득금액 · 부양요건을 충족한다면 건강보험증 기재와 상관없이 부양가족으로 올려서 공제받을 수 있다.

Q 배우자가 외국인입니다. 배우자의 부모님도 공제받을 수 있나요?

A 직장인 본인이 생활비를 주면서 부양할 때, 나이 · 소득금액 요건을 충족하면 부양가족공제를 받을 수 있다(해외 거주도 가능). 다만, 의료비 · 신용카드 등 공제는 국내 지출이 아니므로 불가능하다. 부양가족공제를 받으려면 소득금액 입증 서류와 직계존속임을 나타내는 서류를 제출해야 한다.

직계비속(자녀 등)

Q 부양하고 있는 손자녀가 있습니다. 자녀세액공제를 받을 수 있나요?

A 손자녀에 대해서는 자녀세액공제를 받을 수 없다. 다만, 나이 요건을 충족한다면 부양가족공제를 받을 수 있다.

Q 입양했는데 공제를 받을 수 있나요?

A 입양하면 자녀세액공제를 받을 수 있다.

장애인공제

Q 장애인공제를 받으려면 매년 서류를 제출해야 하나요?

A 장애인증명서, 복지카드 등 장애인입증 서류를 제출했다면 장애기간동안은 다시 제출하지 않아도 된다. 다만, 장애기간이 경과했거나 회사를 이직한 경우에는 다시 제출해야 한다.

Q 암치료, 중증질환으로 치료받고 있는데 장애인공제를 받을 수 있나요?

A 암치료, 중증질환 치료만으로는 장애인공제를 받을 수 없다. 반드시 병원 등의 의료기관에서 장애인증명서를 발급받아야 공제받을 수 있다.

PART 3. 생활비의 중심, 카드를 효율적으로 사용하자

Q 입사 전이나 퇴사 후 사용한 신용카드의 금액은 공제받을 수 있나요?

A 공제받을 수 없다. 재직기간(입사일~퇴사일)에 사용한 금액만 공제받을 수 있다. 예를 들어, 무직으로 있다가 4월 1일에 입사했다고 하자. 소득공제는 4월 1일~12월 31일까지의 사용액만 가능하다. 1월 1일~3월 31일까지의 사용액은 공제받을 수 없다.

Q 맞벌이 부부의 경우, 남편이 부양가족공제를 받은 자녀 · 부모의 신용카드 사용액을 아내가 소득공제 받을 수 있나요?

A 공제받을 수 없다. 자녀 · 부모의 부양가족공제를 받은 남편이 신용카드 공제도 함께 받아야 한다.

Q 월세에 대한 신용카드 등 소득공제와 월세액 세액공제를 모두 공제받을 수 있나요?

A 공제받을 수 없다. 월세액 세액공제와 월세에 대한 신용카드 등 소득공제는 중복할 수 없다.

Q 면세점에서 사용한 신용카드 구매금액은 소득공제 받을 수 있나요?

A 2019년 2월 12일 이후 국내 면세점에서 사용한 신용카드 구매금액은 소득공제 받을 수 없다.

Q 택시비를 카드로 결제했다면 신용카드 소득공제가 가능한가요?

A 대중교통비에는 해당하지 않지만 신용카드 소득공제는 받을 수 있다.

Q 신용카드–마일리지(회원포인트), 신용카드–상품권 등 여러 수단을 복합해서 도서 · 공연비를 결제한 경우 신용카드 등 사용금액에는 얼마가 포함되나요?

A 도서 · 공연 티켓 결제액이 연말정산간소화서비스에서 확인된다면 도서 · 공연비 소득공제가 가능하다. 상품권으로 도서 · 공연 티켓을 구입하고 현금영수증을 발급받았다면 공제 가능하다. 포인트 결제는 신용카드 결제 총액에서 감액되는 형태이기 때문에 실제 카드사 승인 매출액에는 포함되지 않고, 현금영수증 발행대상도 아니다.

Q 4월 30일에 신용카드로 6개월 할부 결제했는데 소득공제는 언제 받나요?

A 할부 구입했을 때는 구입시점을 기준으로 공제를 적용한다. 2019년 4월 30일에 구입했다면 2019년 연말정산 때 공제받는다.

Q 맞벌이 부부입니다. 아내 명의로 발급받은 가족카드를 남편의 계좌에서 결제했다면 소득공제는 누가 받나요?

A 아내가 공제받는다. 사용자(발급명의자)를 기준으로 적용하기 때문이다. 카드대금의 결제자는 소득공제와 상관없다.

Q 올해 4월 1일에 결혼했는데 아내가 결혼 전 사용한 카드금액 등을 남편이 소득공제 받을 수 있나요?

A 아내의 올해 소득금액이 100만 원 이하라면 결혼 전(1월 1일~3월 31일까지) 사용한 금액은 공제받을 수 없으나, 혼인신고일(4월 1일) 이후 사용한 금액은 공제받을 수 있다.

Q 신용카드와 직불카드 기능이 혼합된 카드일 때, 직불카드 · 신용카드 사용액 구분은 어떻게 하나요?

A 카드 결제시점을 기준으로 판단한다. 카드회원이 결제 시점을 기준으로 카드사에 후납하지 않는 대금은 「여신전문금융업법」에 따라 직불카드 사용액에 해당한다.

Q 만22세 아들의 소득이 전혀 없습니다. 아들이 사용한 카드금액도 소득공제 받을 수 있나요?

A 아들의 올해 소득금액이 100만 원 이하면 공제받을 수 있다.

PART 4. 의료비와 교육비도 돌려받을 수 있다

의료비

Q 의료비를 신용카드 · 현금영수증 · 체크카드로 결제하면 의료비공제와 신용카드공제 모두 받을 있나요?

A 공제대상 의료비를 신용카드 · 체크카드 · 현금영수증 · 직불카드 등으로 계산하면 연말정산 시 의료비공제, 신용카드공제가 가능하다. 예를 들어, 200만 원의 의료비를 신용카드로 계산했다고 하자. 이는 의료비공제와 동시에 신용카드공제도 된다. 따라서 자신의 상황과 소득공제율을 고려하여 결제 수단을 선택하면 된다.

Q 외국에 있는 병원에서 치료 받았는데 의료비 세액공제를 받을 수 있는지요?

A 외국 소재의 병원에 지급한 의료비는 공제받을 수 없다.

Q 산후조리원 비용을 지출했는데 의료비 세액공제를 받을 수 있나요?

A 2019년 1월 1일 이후 지출하는 산후조리원 비용이라면 공제 가능하다. 연봉 7,000만 원 이하 직장인이 지출했다면 출산 1회당 200만 원 이내로 공제받을 수 있다.

Q 국민건강보험공단의 '출산 전 진료비 지원금', 사내근로복지기금, 회사 보조 의료비는 공제받을 수 있나요?

A 국민건강보험공단에서는 임신 · 출산 진료비와 입 · 퇴원비용(산전검사, 출산, 조산, 자연유산, 산후진료 등)을 지원하고 있다. 다만 공단에서 지정한 임신 · 출산 진료비요양기관에서 국민행복카드(구: 고운맘카드)로 결제해야 한다. 지원 금액으로 의료비를 결제한 경우 의료비공제는 받지 못한다. 또한 사내근로복지기금이나 회사에서 의료비를 대신 부담할 경우에도 근로자 본인이 부담한 것이 아니므로 공제받지 못한다.

Q 임플란트, 치열교정, 건강진단비용, 스케일링 비용, 탈모치료, MRI 검사비용도 의료비공제가 가능한가요?

A 다음의 의료비가 치료 목적으로 지출한 의료비라면 공제 가능하다. 따라서 먼저 공제 여부를 확인하라. 몰라서 받지 못하는 사례가 많기 때문이다.

- 의료기관에서 받는 건강진단을 위한 비용
- LASIK(레이저각막절삭술) 수술비용
- 임신 중 초음파 · 양수검사비 · 출산관련 분만비용 · 불임으로 인한 인공수정 시술 검사료 · 시술비
- 질병예방을 위한 근시 교정시술비

- 의료기관에 지출한 보철 · 틀니 비용, 질병예방을 위한 스케일링비
- 치열교정비: 의사의 '저작기능장애' 진단서가 첨부된 경우에 한하여 공제
- 임플란트 · 브릿지 시술 비용: 치료목적인 경우 공제
- 탈모치료비용(모발이식수술비): 미용이 아닌 치료목적인 경우 공제
- MRI 검사비용

Q 진단서 발급비용도 의료비 세액공제가 되나요?

A 의료기관의 진단서 발급비는 의료비공제 대상이 아니다.

Q 올해 태어난 신생아의 의료비 자료가 연말정산간소화서비스에서 조회되지 않는데 어떻게 된 건가요?

A 국세청은 주민등록번호를 기준으로 의료비 등 공제증명 자료를 수집한다. 이를 토대로 연말정산간소화서비스를 제공한다. 따라서 출생신고하지 않았거나 신고 후 병원에 주민등록번호를 알리지 않은 경우, 병원에서 자료를 제출할 수 없기에 조회되지 않는다. 이때는 해당 의료기관에서 직접 영수증 발급 후 공제받아야 한다.

Q 연도 중에 장애인 판정을 받았습니다. 장애인 의료비는 장애인 판정일 이후분만 해당하나요?

A 연도 중 장애인으로 판정되면 장애인등록 전에 지출한 의료비도 장애인 의료비로 공제받을 수 있다.

Q 의료기관이 폐업했습니다. 신고센터에 신고하면 공제받을 수 있나요?

A 폐업된 의료기관의 자료는 신고해도 제공받을 수 없다. 해당 의료기관이 폐업 전 자료를 제출하지 않았다면 연말정산간소화서비스에서도 조회할 수 없다.

교육비

Q 부모님을 위해 지출한 교육비도 공제받을 수 있나요?

A 장애인 부모의 재활 비용은 교육비로 전액 공제받을 수 있다. 그 외 일반 교육비(초 · 중 · 고 · 대학 등)는 부모의 장애여부에 상관없이 공제받을 수 없다.

Q 주민등록상 동거하지 않은 형제자매 교육비도 공제받을 수 있나요?

A 함께 거주하다가 취학 · 질병의 요양 · 사업상 형편으로 일시퇴거한 경우, 생계를 같이하는 것으로 본다. 따라서 형제자매의 연소득이 100만 원 이하면 교육비공제를 받을 수 있다. 이 경우 일시퇴거자동거가족상황표, 재학증명서 등 서류, 본래 주소지 · 일시퇴거지의 주민등록표등본 등을 제출해야 한다.

Q 2019년 2월 대학등록금을 직장인 부모가 납부했습니다. 그런데 2019년 8월 자녀가 취업을 했구요. 이 경우 등록금을 부모가 공제받을 수 있나요?

A 교육비공제를 받을 수 있다. 연도 중 직장인의 부양가족이 취업으로 부양가족 공제 대상자에서 제외되는 경우에도, 당해 사유가 발생한 날까지 지급한 교육비는 공제받을 수 있다.

Q 부모님의 노인대학 수업료도 교육비공제 대상에 해당하나요?

A 부모의 노인대학 교육비는 교육비공제 대상이 아니다.

Q 2019년 8월 대학 수시 합격으로 대학입학금을 미리 납부했습니다. 2019년도분 연말정산 시 교육비 세액공제를 받을 수 있나요?

A 2019년도분 연말정산에 포함할 수 없고, 2020년도 연말정산 시 교육비공제를 받을 수 있다. 납부일이 아닌 대학생이 된 2020년도분 연말정산에서 세액공제를 받을 수 있다.

PART 5. 내 보험료와 기부금도 돌려준다고?

보험료

Q 1월부터 계속 10만 원씩 종신보험 보험료를 납입하다가 9월 말에 퇴사했습니다. 보험료공제받을 수 있나요?

A 보험료공제는 근로기간 동안에 납입한 보험료에 대해서만 공제받을 수 있다. 퇴직일 이후 납입한 보험료는 불가능하다. 따라서 1월~9월까지 납입한 90만 원까지만 세액공제 대상이다.

Q 회사에서 납부해준 보장성 보험료도 공제받을 수 있나요?

A 보장성 보험료를 사용자가 대신 지급하는 경우, 동 보험료 상당액을 근로자 급여에서 가산하여 근로소득 과세한다. 따라서 해당 금액은 보험료공제를 적용받을 수 있다(소득세법 기본통칙 52-2). 다만, 근로소득에서 제외되는 단체순수보장성 보험료 등은 과세 급여에 포함되지 않으며, 보험료공제 대상이 아니다.

Q 장애인이 가입한 보장성 보험은 모두 장애인전용 보험에 해당하나요?

A 세법상 모두가 장애인전용 보험은 아니다. 장애인전용보장성 보험은 보험계약 · 보험료납입 영수증에 장애인전용 보험으로 표시된 것만을 말한다. 장애인전용보장성 보험은 장애인을 피보험자나 수익자로 하여 가입할 수 있는 상품이다.

Q 올해 11월과 12월분의 보장성 보험료를 미납했습니다. 다음 연도 1월에 납부한 경우 보험료공제는 언제 받나요?

A 보험료는 실제 납입한 연도에 공제한다. 따라서 미납보험료는 실제 납부한 연도인 다음 연도분 연말정산 시 공제받을 수 있다.

Q 맞벌이 부부 근로자입니다. 계약자는 남편, 피보험자는 아내와 남편 공동으로 해서 보장성 보험에 가입했습니다. 그렇다면 보험료공제를 받을 수 있나요? 받을 수 있다면 누가 받나요?

A 보험료공제 대상이다. 공제는 계약자인 남편이 받는다.

Q 피보험자가 태아인 보험에 가입했습니다. 보험료공제를 받을 수 있나요?

A 공제받을 수 없다. 태아는 출생 전으로 기본공제 대상자에 해당하지 않기 때문이다.

Q 보장성 보험을 7월에 해약했습니다. 해약 전까지 납입한 보험료를 공제받을 수 있나요?

A 공제받을 수 있다. 보장성 보험을 해약하더라도 해약 전까지 납입한 보험료에 대해서는 공제 가능하다.

기부금

Q ARS로 낸 기부금도 기부금영수증을 첨부해야 하나요? 기부금영수증은 어떻게 받나요?

A 기부금영수증을 첨부해야 한다. 기부자가 해당 통신사 홈페이지에서 'ARS 기부금 영수증' 발급을 신청하면 된다. 그러면 통신사는 기부단체에 기부내역을 통보하며, 기부단체가 기부자에게 기부금영수증을 발송한다.

Q 교회 등 종교단체에 낸 기부금의 공제를 받으려고 합니다. 기부금영수증 이외에 필요한 서류가 있나요?

A 해당 종교단체의 소속증명서가 필요하다. 종교단체의 총회, 중앙회가 문화체육관광부장관 또는 지방자치단체 장의 허가를 받아 설립한 비영리법인인지 확인을 위해서다.

Q 국제기구에 지출한 금액도 기부금공제가 되는가?

A 일정 요건을 갖춘 국제기구로서 유엔난민기구(UNHCR), 세계식량계획(WFP), 국제이주기구(IOM), 글로벌녹색성장연구소(GGGI), 녹색기후기금(GCF) 등 기획재정부령이 정하는 국제기구의 기부금은 세액공제 가능하다.

PART 6. 금융상품 투자 수익도 얻고 환급도 받고~

연금저축

Q 배우자 등 가족명의 연금저축 납입액도 세액공제 받을 수 있나요?

A 직장인 본인 명의로 가입 · 납입한 연금저축만 공제받을 수 있다. 배우자 등 가족명의 연금저축 납입액은 공제 불가능하다.

Q 가입자는 근로자, 수령자는 배우자로 한 연금저축도 세액공제를 받을 수 있나요?

A 연금저축 세액공제 받을 수 없다. 가입자와 수익자 모두 본인이어야 한다. 즉, 근로자 본인이 '가입자 = 보험대상자 = 만기수익자'여야 공제 가능하다.

Q 연금저축을 중도해지한 경우, 해지 연도에 납입한 연금저축불입액도 세액공제를 받을 수 있나요?

A 해지 연도에 납입한 금액은 공제받을 수 없다.

주택청약종합저축

Q 연도 중 주택청약저축을 중도해지하면 공제 가능한가요?

A 해지 연도 불입액은 소득공제 받을 수 없다. 다만, 85㎡ 이하 주택 당첨으로 해지한 경우에는 가능하다.

Q 무주택 판단은 어떻게 되나요?

A 본인은 물론 동일한 주소에서 생계를 같이하는 배우자, 직계존비속(부모 · 자녀 등), 형제자매의 소유 주택이 없어야 한다.

Q 연도 중 세대원에서 세대주로 변경된 경우, 주택청약종합저축 소득공제를 받을 수 있나요?

A 받을 수 있다. 세대주 여부는 12월 31일자로 판단한다. 따라서 12월 31일에 세대주라면 연도 중 불입한 전체 금액을 공제받는다.

Q 올해 주택을 취득했습니다. 취득 전 불입액의 소득공제를 받을 수 있나요?

A 소득공제를 받을 수 없다. 다만, 주택 당첨, 만기 등 당초 가입목적 달성으로 해지하는 경우 취득 전 납입금액에 대해 공제받을 수 있다.

Q 동일 세대원인 부모님께서 1주택을 소유하고 있는데, 주택청약종합저축 소득공제를 받을 수 있나요?

A 공제받을 수 없다. 무주택 여부는 동일 주소에서 생계를 같이하는 배우자, 직계존비속, 형제자매의 주택을 모두 포함해 판단하기 때문이다.

전월세보증금대출

Q 임대차계약을 연장 · 갱신하는 경우, 추가 차입금의 원리금상환액 공제가 가능한가요?

A 임대차 계약 연장일 또는 갱신일로부터 전후 3개월(개인으로부터 차입하는 경우 1개월) 이내 차입금의 원리금에 대해서는 소득공제를 받을 수 있다.

Q 이사를 가게 되었는데, 전월세보증금 대출의 원리금상환액 소득공제가 가능한가요?

A 주택임차차입금 원리금상환액의 소득공제를 받고 있던 사람이 다른 주택으로 이주하는 경우를 보자. 이주 전 주택의 입주일과 주민등록표 등본의 전입일 중 빠른 날로부터 전후 3개월 이내에 차입한다면 공제받을 수 있다.

담보대출 이자상환액

Q 공동명의 주택의 담보대출 이자상환액 소득공제는 누가 받나요?

A 부부 또는 가족 공동명의로 주택을 취득하고 담보대출 받는 경우, 〈상황에 따른 이자상환액 소득공제 여부〉와 같이 차입자(채무자)가 누구냐에 따라 소득공제액이 달라진다. 근로자인 세대주로 차입자를 설정하면 이자상환액 전액을 공제받을 수 있다.

〈상황에 따른 이자상환액 소득공제 여부〉

<table>
<tr><th>상황</th><th>공제 여부</th></tr>
<tr><td>근로자 명의 주택 + 근로자 명의 차입금</td><td>공제 대상에 해당됨</td></tr>
<tr><td>근로자 명의 주택 + 배우자 명의 차입금</td><td rowspan="2">공제 대상에 해당하지 않음</td></tr>
<tr><td>배우자 명의 주택 + 근로자 명의 차입금</td></tr>
<tr><td>공동명의 주택 + 근로자 명의 차입금</td><td>근로자가 전액 공제 가능</td></tr>
<tr><td>근로자 명의 주택 + 공동명의 차입금</td><td rowspan="2">근로자 채무부담부분에 해당하는 이자상환액 공제
(별도 약정 없는 경우 공동차입자간 채무분담비율이 균등한 것으로 봄)</td></tr>
<tr><td>공동명의 주택 + 공동명의 차입금</td></tr>
</table>

Q 전 매도자의 장기주택차입금 채무를 인수할 경우는?

A 주택을 매입하면서 전 매도자의 장기주택차입금 채무를 인수하는 경우가 있다. 이때 전 매도자가 최초 차입한 때를 기준으로 상환기간을 계산한다. 공시가격 주택 매입시점을 기준으로 판단한다. 잔여 소득공제기간에는 소득공제를 받을 수 있다.

Q 장기주택저당차입금을 만기(15년) 전 조기 상환한 경우 소득공제 가능한가요?

A 상환기간 15년 이상인 장기주택저당차입금을 만기 전 조기 상환한 경우, 조기상환 당해 연도에 지출한 이자상환액은 공제받을 수 없다. 다만, 15년 후 일시상환한 경우에는 공제 가능하다.

Q 상환기간 15년 미만의 차입금을 15년 이상으로 연장하는 경우에도 공제 가능한가요?

A 상환기간 15년 미만이었던 차입금을 15년 이상인 신규차입금으로 상환하거나, 기존차입금의 상환기간을 15년 이상으로 연장한 경우, 기존차입금 잔액 한도 내에서 소득공제 가능하다(소득공제 다른 요건을 모두 충족해야 함).

이 경우 차입기준은 주택소유권 이전등기나 보존등기일부터 3월 이내 기존차입금의 최초 차입일이다. 또한 공시가격은 전환당시나 연장 당시 공시가격으로 판단한다.

Q 부모님으로부터 주택을 부담부증여로 취득했습니다. 이후 장기주택저당차입금을 차입했는데, 이자상환액에 대해 소득공제 받을 수 있나요?

A 이자상환액 공제를 받기 위해서는 다음의 조건을 갖춰야 한다. ① 부담부증여로 취득한 주택(국민주택규모 주택으로서 취득 당시 기준시가 5억 원 이하인 주택)의 증여등기일로부터 3개월 이내에 해당 주택의 저당권 설정, ② 상환기간 15년 이상의 장기주택저당차입금을 금융회사에서 대출받아 그 증여재산에 담보된 채무를 상환한다면, 해당 채무액 내에서 장기주택저당차입금의 공제가 적용된다(원천세과 – 537, 2011.8.30.).

Q 담보대출 이자상환액에 대한 주택 수 판단 시 오피스텔, 무허가 건물, 임대주택, 판매목적의 주택도 포함되나요?

A 오피스텔은 건축법상 업무시설이다. 따라서 주택에 해당하지 않으며, 주택 수에 포함하지 않는다. 그러나 무허가 건물, 임대주택, 판매목적의 주택은 모두 주택에 포함된다. 다만, 거주가 불가능한 폐가는 제외된다.

Q 오피스텔을 구입하여 주거용으로 사용하는 경우 담보대출 이자상환액 소득공제를 받을 수 있나요?

A 공제받을 수 없다. 오피스텔은 담보대출 이자상환액(장기주택저당차입금 이자상환액) 공제대상 주택이 아니기 때문이다.

Q 기준시가 공시되기 전 취득한 주택의 시가는 어떻게 정해지나요?

A 차입일 이후 최초로 공시된 가격을 주택의 기준시가로 한다.